川村妙慶

JN178174

人生後半こう生きなはれ

講談社+α新書

はじめに　ただむなしい日々を、最高の人生に転じるには？

最近、定年を迎えた方から「毎日がむなしい」「この先が不安」「モヤモヤする」といった相談が増えました。寿命が尽きるまで、つまり「死」までの道筋が曖昧模糊《あいまいもこ》としてわからず、不安ということです。

なぜ人は老後をむなしいと感じるのでしょうか？

それは、「老いることは悪いこと」だと考えているからです。記憶力は低下、シワも増える、髪も薄くなり白くなってくる。失うものばかりのように思えます。

この先は「儚《はかな》い人生」が待っていると、マイナスの方向へ想像してしまうのですね。

「儚い」には、「心を計る」という意味があるそうです。

あたかも「老いたら、むなしいに決まっている」というかのように、自分の人生を計り、悪い想像をしてしまうのです。

しかし、本当にそうでしょうか？

どうしたら、そのむなしさを解消することができるのでしょうか？

人間は、「考えることができる」生き物です。

しかし、それが間違った考えになると、この先、暗い人生を過ごすことになります。

そこに、仏教の教えをいただくことで、考えがひっくり返され、勝手に暗くてむなしいものだと思いこんでいた人生が、明るい人生に大きく変わるのです。

じつは、ただむなしいと焦る心に、人生を立て直す希望が隠れているのですよ。

私もかつて、むなしい人生を歩んでいました。しかし、考え方をひっくり返すことで、納得して生きていける道を見つけたのです。

１９６４年、私は北九州市門司区のお寺の娘として生まれました。

20代のころ、お寺を継ぐはずの兄が引きこもりになり、私はアナウンサーになる夢をあきらめ、京都にある東本願寺の大谷専修学院へ通うことになります。

師のすすめで、仏法を学びながらアナウンス学校へ通わせていただき、タレント事務所に所属しますが、アナウンサーは技術だけではどうにもなりません。運もなければ注目を浴びないのです。「運も実力のうち」だと言われても、どうしていいかわかりません。

何とか生活できるだけの仕事はいただきましたが、次の年も確実に仕事が来るという保証などないのです。

悶々とした時間が過ぎていくなか、事務所の社長から、

「アナウンサーを辞めて、タレントのマネージャーになってほしい」

と告げられました。私にとっては屈辱でしかありません。

「なぜ私がマネージャーなのですか？」

聞くと社長は、

「君は、うちのキャスターやタレントに人気がある。悩みを聞いてあげているらしいじゃないか！　君は人の世話をするほうがあっているよ」

と言ったのです。

表舞台から降りて縁の下の力持ちになるなんて、惨めとしか思えませんでした。それからはタレントの仕事の手配、仕事で落ち込んだときのケアや対策を考える日々が続きます。

そんなとき、友人から悩みの相談を受けたのです。

私は、親鸞聖人《しんらんしょうにん》（鎌倉時代前半から中期に生きた浄土真宗の宗祖）の言葉を添えながら元気づけていました。するとその友人から、

「すごくその言葉、身に染みる！　あなたは僧侶として世に親鸞聖人の言葉を発信するべきよ」

と言われたのです。

その後、タレント事務所を辞めて、僧侶の道へと歩みはじめ、「川村妙慶の日替わり法話」と題して、毎日、生きる中で大切なことをブログで発信していきました。

やがてヤフーの人名検索で1位になるなど、僧侶・川村妙慶を世に知っていただき、出版や講演会のお話、ラジオ番組もいただくことができました。

こうして、ただむなしかった人生を、堂々と生きていける世界へと転じることができたのは、「アナウンサーでなければ幸せになれない」という考えをひっくり返したからです。

そして今、京都のお寺にて、僧侶として地道に生きています。

私は間もなく50代後半、みなさんと同じように、長い老後の入り口に立ちました。

しかし、視界不良で不安なこの先の人生も、考え方ひとつで、明るく生きていけると確信しています。

本書は、定年前後の不安の中におられる方へ、むなしさから最高の人生へと転じる生き方を仏教の視点からお伝えします。

あなたの人生に希望を！

もくじ　人生後半こう生きなはれ

第3章　これからどう生きる？

第4章　死にまつわる不安について

第1章　定年後の生き方について

問 定年後、精神状態が不安定

「生ききる」と決断するときです

肩書がなくなる不安

私のブログ「川村妙慶の日替わり法話」を読んでくださる60歳の男性から、こんな相談を受けました。

「妙慶さん！　私はいったい何のために生きているのでしょうか？　この年になってむなしくなってきました。必死で働き家族を支えてきました。部長職にまで登りつめましたが、間もなく定年を迎えます。再雇用制度もありますが、かつての部下のもとで働く気にもなれません。しかし、肩書が消えた定年後の生活を想像すると、怖くてしかたがないのです。精神状態も不安定で、どうにも落ち着かないのです」

まだ体力も気力もあるのに退職せざるを得ないという切なさ。

肩書がなくなると、自分の存在そのものが消えてなくなってしまうような不安を覚えるのでしょう。

その不安は、〝心の狭さ《せま》〟からくるのですよ。

あなたは、「定年」をどう考えますか？
上からおりてくる舞台の幕を閉幕と思うのか。
第２部への区切りと思うのか。
考え方次第で、大きな違いが出てくるのです。
「定年」は、心を切り替えるきっかけを与えてくれます。
そこであなたに問いかけます。

何のために働いてきたのですか？
何のために生きているのですか？
あなたがやりたかったことは何ですか？

一度でも立ち止まったことはありますか？

親鸞聖人は、

～念仏は無碍《むげ》の一道なり～　『歎異抄《たんにしょう》』

とおっしゃいました。無碍の「碍《げ》」とは障害、しかし無障という意味ではありません。この言葉は、人間は生きていると、何かに邪魔をされたり、妨げられることはあっても、お念仏をいただくことで、それらと共に生きていける道が見つかるという意味です。

たとえば、定年を迎えるむなしさは「仕事とは何だったのか？」と振り返り、考えるきっかけになるということです。今まで紆余曲折あったとしても、その役目を終えたとき、経験のありがたさに気づくことができます。

それが、次の何かに向かって生きるエネルギーになるのです。

あなたの中心を変えていくとき

50代からヒップホップダンスをはじめる人が増えているとニュースで知りました。その姿は輝いています。体力も衰えてくる世代が、なぜ若者のダンスにチャレンジするのでしょうか？

組織のために言いたいことも言えなかった。家族のために頑張ってきた。世間体を気にして自分を殺してきた。そんな抑圧から解放され、これからの人生を伸び伸びと生きたいという理由だそうです。とても前向きな考え方ですね。

一方、半年前にリタイアされた男性から、こんなメールをいただきました。

「毎日、美術館めぐりに図書館通い。そんな自分はまるで爺さんになったようで嫌気がさします。肩書は消え、この先、ただ老いていく私に、なんの希望があるのでしょうか」

××社の社員、××学校の教師、××屋の店長などといった肩書が消える日は、誰にでもいつか必ず訪れます。今まで会社のため、家族のため、お客様のために頑張ってきたのに、「誰からも必要とされない生活」が続く。そんなモヤモヤが悲観的な考えをつくるのですね。

美術館や図書館に通うのも文化に触れるすばらしい活動だと思うのですが、この男性のようにいやいや通うのでは不満が募るばかりでしょう。

私はこうお伝えしました。

「仕事中心だったあなたの真ん中は、今は空洞になっているだけなのですよ。今こそあなたを支える中心を、探し求めていくときです」

「あなたの中心」を、夢中になれる別の何かに変えていくときが来たのです。

何が自分の幸せか

ガンで闘病中の友人から、

「妙慶さん！　間もなくお迎えがくるようです。会いにきてくれませんか」

と連絡をいただきました。

急いで病院へ行くと友人は、

「私は今までがむしゃらに働き、いい生活をしてきました。しかし、『本当に生ききった！』と実感したことがないと気がつきました。後悔ばかりしています」

言葉を絞り出しながら話してくれました。死の間際で思い浮かぶのは、あれもこれもやっておけばよかったという後悔の念だというのです。数日後、友人は浄土に還《かえ》られました。死と直面してはじめて、人生の意義が問われたのでしょう。

友人が遺してくれた言葉、「本当に生ききった実感」とは何でしょうか？

それは、だれの心の中にも消えることのない灯火、求めずにはおれない「命の叫び」に従った悔いのない人生を生きることです。これはわがままに、好き勝手なことをするということではありません。

アンパンマンの原作者やなせたかしさんは、ご自身が作詞された「アンパンマンのマーチ」の中で、何のために生まれて、何をして生きて、何が自分の幸せか、わからないまま終わるのは嫌だ、というメッセージを残しています。

やなせさんは24歳で中国に出征、飢えの苦しみから生きる意味を見いだし、戦後は百貨店でグラフィックデザインの仕事をしながら憧れていた漫画家を志します。

やなせさんは、何が自分にとっての幸せか、自分に言い聞かせながら、94年の人生を生ききったのではないでしょうか。

何が私の幸せか。

今までは自分を犠牲にしてでも、家族、会社のためにがんばることが、生きがいだったかもしれません。しかし、「人の為《ため》」と書いて「偽《いつわ》り」と読むように、どこかで本当の自分を置いて行動していたのではないでしょうか。

これからは、自分のために生きませんか。今こそ「生ききる」と決断するときです。

そっと手を合わせて、その時間の豊かさを感じながら自分と向き合い、本当に私がやりたいことは何かと問いかけます。

やりたいことをやりきった自分を想像すると「信《しん》心《じん》歓《かん》喜《ぎ》」（必ず往生できると安堵する心）のよろこびに包まれます。

心が落ち着いたら、「人生のテーマ」を決めていきませんか。

人生の果実を味わう「林住期」

58歳になった友人へ「お誕生日おめでとう！」とＬＩＮＥを送りました。

すると、

「この年で何がめでたいんや！　またひとつ年をとったわ」

と返事がきたのです。若いころは誕生日を祝ってもらうのはうれしいものでしたが、人生後半にもなると、老いへのカウントダウンだと感じるのでしょうか。

古代インドでは「四住期《しじゅうき》」といって、人生には４つの区切りがあると考えられていました。それを現代の平均寿命に置き換えて伝えられています。

学生期《がくしょうき》～生まれてから24歳まで
家住期《かじゅうき》～25歳から49歳まで
林住期《りんじゅうき》～50歳から74歳まで
遊行期《ゆぎょうき》～75歳から亡くなるまで

学生期とは、字の通り学ぶ時期。
家住期とは、働くことで家族や社会に奉仕する時期。
林住期とは、林の中をゆっくり歩きながら自分と向き合う時期。

遊行期とは、林を出て思うがまま遊行しながら智恵を多くの人へ授ける時期。

50代からはじまる林住期。

親との別れ、介護、自分自身の体の変化を目の当たりにすることで、死や老いをリアルに感じる時期です。

会社員の方は定年もあり生活環境も変わります。

「私の人生、これでよかったのか？」「定年後の時間はどう使ったらいいのか？」などと、後悔や不安の念が浮かんでくるものです。

しかし「林住期」は、人生の中で最も豊かな楽しい時期なのです。

多くの苦労を味わいコクのある人生味を蓄えています。

定年前後の年齢は、まさに人生の秋。自分が蓄えてきたものを絞り、味わうときです。

自分にとっての幸せを感じられる新しい世界へ踏み出してみませんか。

問 「後悔の棚卸し」をしてみませんか

暇な自分が哀れ

世間から置いてきぼりという観念

定年を迎えた友人が京都に来るというので一緒に食事でも、という話になりました。入った店の店主は友人に「今日は観光ですか？」と尋ねます。

すると友人は、「いいえ、違います。仕事です」と答えたのです。

確かに友人は定年を迎え、あらたに立ち上げる事業の構想を練るために、憧れの京都に宿泊しました。今後のことが頭から離れないのはわかりますが、素直に「遊びです」とは言えないようです。

友人が「今日は遊びです」と言えなかったのは、いつも忙しい自分でないと許せないという思いがあったのかもしれません。働いている自分は世間に必要とされていて、何もしていない自分は哀れ。世間から置いてきぼりという観念があるのです。

これでは一生、仕事のない人生は耐えられないでしょう。

私がいただいている浄土真宗は、「遊びを学ぶ」教えです。

お経には、「遊」という字が、『浄土三部経《じょうどさんぶきょう》』だけでも14ヵ所。開祖である親鸞聖人のお書きになった『教行信証』では19回、註釈版のお聖教で数えると122回も出てきます。

それほど「遊」を大切にしたのです。

遊びは、ネオン街に行って豪遊するだけが遊びではありません。

例えば、スポーツ観戦や音楽鑑賞なども遊びですね。たくさんのファンが必死になって応援します。応援したチームが勝っても負けても、私たちの人生にはまったく関係ないのに、なぜあそこまで夢中になれるのでしょうか？

かくいう私も、浜田省吾さんのファンで、コンサートには20年間行き続けています。一つの音楽を何万人ものファン一同が共有するのです。

また、私は大の風呂好きですが、よく行く銭湯の隣にはグラウンドがあり、夕方になると仕事を終えたサラリーマンがサッカーをしています。シュートが入っても入らなくても、下手であっても、別にいいのです。大人たちがまるで少年のようにボールを追いかけ、あるときには腹の底から大声を出しています。

その姿を見て、つまり遊びというのは、損得を考えず、夢中になれるものだと感じます。

「後悔の棚卸し」をやったMさん

定年後の生活を「遊び」中心に変えた方もいます。

アウトドア派の男性Mさん（63歳）は、憧れのログハウス生活の夢をかなえました。現在、軽井沢の浅間山山麓で単身で暮らし、町のアウトドアショップで週3日パートタイマーとして働きながら、休日は登山やスキーをしたり、家族や友人を招きバーベキューを楽しんでいます。

「実は、50代後半になったとき、『後悔の棚卸し』をやってみたのです。すると、やってこなかったことがたくさん出てきた。それをすべてやってみようと。正直、単身移住については最初は悩みました。でも、今では移住しなかった人生は考えられない。今は、アウトドアショップのお客さんたちと山遊びのサークルもつくり、毎日が充実しています。この生活を許してくれた家族や、新参者の私を受け入れてくれた町の人たちにも感謝しています」

Mさんは、勇気をもって一歩を踏み出し、第二の人生を歩んでいます。

現役時代は仕事で認められるそのゲームがおもしろくて、人生を味わうことは先でいいと考えていたかもしれません。

定年というと、椅子取りゲームから外された気持ちにもなるかもしれませんが、業績という縛りから解放された、自由な人生を迎えられる慶びもあります。

人生は山に似ています。現役時代は登山の人生。登るときは「朝日が昇る前に山頂に着かないと」「遅れを取らないように」という拘束があるでしょう。

一方、下山は今まで抱えていた肩書や責任という荷物をおろし、力まずゆったり下りることができます。景色を見る余裕も出てきます。その余裕から新たな発見があるのです。

後悔の棚卸しをしてみる。そして、やりたかったことにチャレンジする。あなたの人生とは、あなただけのもので、自由なのです。

感謝を忘れた人がボケた人

「妙慶さん！　定年後、何もしないとボケるのではないかと心配です。年下の妻はバリバリ働いてうらやましい」

といったメールをいただきました。たしかに何もしなければボケるという不安もあるかもしれませんが、何もしないからボケるのではありません。「感謝を忘れた人」をボケた人というのます。

人をうらやましいと思い、人と自分を比べ、この先の人生はつまらない、こんなことは無駄だと思い、いやいや生活すると、愚痴しか出てきません。

「この年まで働くことができたのは、多くの支えがあったからだ」と、支えてくれた人たち、家族、そして自分を生かしてくれた大地に感謝できる心には、明るい未来が待っていまず。

もし目の前にいる現役で働く人がまぶしく見えても、嫉妬する必要はありません。余裕をもち、「ご苦労様」とねぎらいましょう。

その人を見ながら「私もこの人のように頑張ってきた。だからこそ、いま大切な時間を賜っている」と喜べばいいのです。

今あなたがやるべきことは、興味あることに無心に取り組み、あらゆることに出会っていくことです。

そして目の前の人を大切にしましょう。きっと新たなご縁をいただけるはずです。

問 働きたい。でも、この年齢で再就職は難しい

挑戦が不安を消してくれます

一歩前に進めない理由

定年を迎え、ゆっくりできると思う人もいれば、退屈を恐れる人もいます。

先日、私の講演会にある男性が相談にこられました。それなりにキャリアを積んでこられた方です。

「一人暮らしの母親が倒れ、悩んだ末に定年で仕事を辞めました。介護の甲斐もあり母親は自立生活をおくるまでに回復。しかし、再雇用制度を利用せず一足早くセカンドライフに入った身としては、何とも複雑な心境になりました。時間に縛られず、自由でいることに飽きてしまいました。やはり働きたい、でもこの年齢では再就職は難しい。身動きがとれません」

どうしようもなく悩んだ末に、私の元を訪ねてくださったのです。

さて、彼が一歩前に進めない理由は４つあります。

1、常に不安

考えてばかりで動かずにいたら、誰だって不安です。行動しないから不安なのです。この先が見えない、出口が見つからない自分が何をしたらいいのか？　しかし、その不安があるから「テーマ」をいただき前へ進めるのですよ。

もしも彼が再雇用制度も利用しながら65歳まで安泰な生活が続けば、もっと先の年齢になって、何をやっていいのかわからなくなる日が訪れます。

2、自信が持てない

自信が持てない理由には、年齢という大きな壁もあるでしょう。

求人の多くは若い人である。物覚えも悪くなる。若いころのように集中力も持てない。行動も遅くなる。そんな自分に何ができるのか？　そんな不安がおそってくるでしょう。

しかし、逆に今の年齢を強みにしたらいいのではないでしょうか。自信が持てないのは当たり前です。立ち止まらず、まずは「今の自分をしっかり知る」ことからはじめませんか。「この年齢や今までの経験を生かせることは何なのか？」を見ていくのです。

今は人手不足です。給与や職種にこだわらなければ、即戦力として働けるかもしれません。

「これができなくなった」「今さらあれはできない」と引き算ばかりしたら、何もできません。「今、私にできること」を足していくのです。紙に書き出してみましょう。具体的な構想図が描けます。

3、情報にふりまわされる

私たちはなぜ悩むかというと、「情報」や周りの人の意見にふりまわされているからです。世間の常識に惑わされ、他人と比較しながら、自分の評価を落としていくのです。たとえば他人から「その年で就職なんて、何を言っているの？」と言われると、その人の価値観の中に入りこんで惑わされるのです。

相手の意見を聞くことは大切です。しかしそれは、相手の言いなりになるということではありません。情報をしっかり吟味し、今までの経験と世の中の流れをしっかり見ながら自分を信じる。「私にしかできないスタイル」を持つのです。

4、プライドが邪魔をする

今さら新しい組織に入るのは怖い、自分よりも若い人に教えてもらうなんて屈辱だ、と思ってしまうのです。自分にとって働くことが喜びなら、プライドは置いていきましょう。

苦しみながらエネルギーをいただく

さて、なぜ人は、自由が与えられると、不安になるのでしょうか。

あるアイドルグループの一人が、「自由になりたい！」と活動休止を宣言しました。幸福感を得るためには、「自由な時間」は重要な要素の一つです。しかし、自由が多ければよいというものでもなさそうです。

好きなことをしてもいいという解放感はありますが、自由時間があまりにも多すぎると、人生の目的が持てなくなるのです。

数年前にいただいた、あるメールが忘れられません。

ある男性が宝くじに当せんし大金を手にしました。

彼は興奮し「何に使おう？」「いくら貯蓄しよう？」「親孝行しよう」と、夜中じゅう思いを巡らせました。翌朝、寝坊して会社に遅刻、上司からきつく叱られたときのこと。

「大金が入ってくるのに、なんでこんなに嫌みを言われて仕事をしないといけないのか！」

という怒りがこみ上げ、その場で辞表を書き帰宅したというのです。

しばらくして、億単位の賞金が口座に振り込まれました。それから新車、高級時計、最新家電を買う日々。マンションも購入したそうです。

しかし、毎日が暇で暇でたまりません。忙しく働く友人とは話が合わず、ならば異性にもてたいと整形手術を受けました。しかし異性と出会っても話が長続きしません。

彼は、生きる目的が持てなくなったというのです。

「一生懸命に働いていた頃の私の方が、よほど活き活きしていた」

悔やむメールが送られてきたのです。

人間はむしろ自由がない毎日にもがき苦しみながら、じつは生きるエネルギーをいただいていたのですね。

定年後も「活き活き生きる」3つの条件

ある番組で80代の美容家が、高齢になっても、いつまでも美しく元気でいられる秘訣は、「きょうよう」と「きょういく」だとおっしゃっていました。

これは「教養」と「教育」ではなく、「今日すべき用事がある（きょうよう）」「今日、行くところがある（きょういく）」ということらしいのです。

今日やること、行く場所がある。そんな生活はほどよい緊張感と気力を養い、寿命も延びるということなのでしょう。

しかし、人間にはもっと本質的な、活き活き生きる3つの条件があります。

1、できることがある～資質を活かすことは社会貢献

あの人は「歌がうまい」「運動神経がいい」「頭がいい」。それは親のDNAを受け継いでいるからだと耳にするたびに、誰でも生まれながらの資質、誰よりも秀でていることはあると感じます。

今、あなたのその資質を書き出してみませんか。人をまとめるリーダー資質の人は、地域

の中心となり社会奉仕活動をしてもいいでしょう。コツコツ細かい作業が得意な人は、そのことを楽しみながら誰かの役に立つことをする。体を動かすことが好きな人は、体力に合わせて新しいことにチャレンジしながら誰かを喜ばせる。

私は、表現すること、話すこと、伝えることが好きな資質があります。ですから、それを活かしつつ社会貢献の意味も込めて、僧侶とアナウンサーという二足のわらじを履いてきました。そしてブログ「川村妙慶の日替わり法話」は毎日更新して19年目になります。

2、しなければならないことがある〜恩返しは生きる糧

この社会に生きる限り、一つでもいいから何かに貢献する。

それは、この世に生かされた私たちの恩返しだと思っています。

そして、その決め事が、人生の指針となります。

私がアナウンサーをしていたころ、ある作家さんの講演の司会を務めたことがあります。講演会の後、帰りの電車をご一緒しました。その時に貴重なお話をしてくださったのです。その作家さんは、過去に罪を犯し刑務所に服役していたことがあります。その時に何度も手紙で励ましてくれた方がいたそうです。作家さんは「服役を終えたら、お礼に行こう」と決

めていました。

待ちに待った出所当日。一目散に恩人宅へ挨拶に行きました。

「私に何か恩返しをさせてください！」

するとその方は、

「私にお礼をすることが恩返しではありません。あなたが罪を償ったその経験を活かして、誰もがもう一度やり直せる社会にしていくことが、私への恩返しになるのですよ」

とおっしゃったそうです。

それが使命と決めたその日から、作家さんは活き活きと社会貢献活動を続けておられます。恩返しは生きる糧となるのですね。

私の場合、自分が決めた「しなければならないこと〜恩返し」は、親鸞聖人が命がけで伝えてくださった、「どんなことがあっても、絶望で終わらない人生を生きる」という教えを、多くのみなさんに伝えていくことです。

この本がそのきっかけになればと切に念じています。

3、したかったことがある〜後悔しないために挑戦する誰もがしたいことがあったはずです。楽器をやりたかったけれど親に買ってもらえなかった。大学に行って勉強したかったけれど経済的な事情であきらめた。世界中を飛びまわる商社マンに憧れたけれど親が地方公務員を勧めたので定年まで地元で働いた。さまざまな事情があり、やりたかったことを封印してきたものがあるのではないでしょうか。

今、したいことを実現するには覚悟と努力が必要です。しかし、精一杯やりきった先には、「満たされた人生」が待っているはずです。今こそ夢を叶える時です。

私のブログの読者Oさんは、定年後「民宿をやりたい」という夢がありました。しかし妻は反対です。それでも夢を捨てきれないOさんは、別居して山奥に民宿を開いたのです。

自給自足は楽しく、民宿には五右衛門風呂をつくりました。ネットも何も使えない宿です。そんなとき、大女優のYさんが一人でふらっと入ってこられたそうです。彼はびっくり仰天。しかし普通に対応し、田舎の自然食をふるまいました。翌朝、Yさんは「何十年ぶりに熟睡できました」と笑顔を見せたそうです。

その笑顔を見て彼は「自分がやりたかったことで、少しでも人の心に安心感が与えられるなんて」と涙が止まらなかったそうです。

そんなOさんへ私は、「そろそろ連れ合いさんに手紙でも書いたらどうですか」とお伝えしました。

起業は大きなリスクも抱えますが、それは大きな夢の実現でもあります。

今、これをしないと後悔することを考えてみませんか。

え？　私のやりたいことですか？　それは京都に〝妙慶庵〟をつくることです。

誰もがほっとできる空間を提供し、月に何度か法話会を開き、あるときは酒でも酌み交わしながら、語り合える空間をつくりたいですね。

卵も割らないと目玉焼きにならない

私の先輩は、60歳まで市役所の職員として働き退職、62歳で事業を立ち上げました。

先輩は市役所で起業の相談窓口を担当していた経験を活かし、シニアの起業を応援するコンサルティング会社を立ち上げたのです。

現在では、なんと100人以上のお客様がついているそうで、ビジネスは成功しました。

「市役所ではサービスの限界がある。たとえば私のように定年後に起業したい人は、お金を払ってでもコンサルしてもらいたいはず。それを私がしたらいいのだ」と思ったそうです。

さらに定年後起業した経営者の悩みをリサーチし、それらを解決する仕事をメニューに加えていきました。

はじめはたった一人のお客様からスタート。それが口コミでどんどんと広がったのです。

私たちは気がついていないだけで、一人ひとり果実をもっています。それが「経験」や「人間実」です。

経験から実らせたその人間実を絞っていくときが定年後ではないでしょうか。

出し惜しみをせず、どんどんと挑戦していく。それが誰かの喜びにもなり、社会貢献にもなっていくのです。卵も殻を割らないと目玉焼きになりません。私たちも知恵の殻をやぶり、今こそ生かしていくときなのです。

五感を使って、具体的に動きましょう。

身で感じて（体感）、見極め（目）、リサーチし（耳）、嗅覚でかぎわけ（鼻）、そして伝える（口）のです。

「もう遅い」ではなく、「この年齢だからこそできることがある」という視点でやってみませんか。

問

退屈な毎日から抜け出したい

果たすべき課題を見つけませんか

なぜ退屈と感じるのか？

5世紀ごろ北インドの僧侶が書いた論文『摂大乗論《しょうだいじょうろん》』に、退屈とは何かについて3つのことが書かれています。

1、自分は何をやってもダメだという思い込みが退屈を作っている。先のことも考えられない状態

2、その思い込みを引きずっているため、一歩も踏み出せない

3、自分の人生の結果を疑っているが、自分なりの人生の答えを持ち、すべてを「わかったこと」にしているため、退屈を生む

つまり何歳になっても、つねに新鮮で生きる。生きてみないとわからないということを伝えているのです。

仕事一筋でがんばってこられた方はとくに、リタイア生活は退屈と感じるのではないでしょうか。中でも時間の使い方がわからないといった悩みを多くいただきます。定年後の生活には、個人差が圧倒的に出ると思うのです。

定年退職した女性Aさん（61歳）は、久しぶりに再会した料理研究家の友人が活躍している姿を見ると、「私もずっと働いていられたら……」とため息が出ます。

ある日彼女は偶然、私がパーソナリティを務めるラジオ番組を聞いてくださったのです。私はリスナーのみなさんにこう問いかけていたところでした。

「人生に後悔していませんか？　今の自分にうなずけていますか？」

するとAさんからメールが届いたのです。

「この言葉にドキッとしました。子どもは巣立ち、定年後は夫と過ごす日々。退屈でむなしいのです。60代になっても働き輝き続けている人もいるというのに、ものすごい劣等感の中にいます。私はどう生きたらいいのですか？」

私は、

「日々、どんな時間を過ごしていますか？」

と尋ねてみると、

「習い事かスポーツジムです。でも周りのお客さんは、仕事の合間に来ています。私は暇つぶしのスポーツジムでしかないのです」

と。周りから見ると、悠々とスポーツジムに通っている女性はうらやましくもありますが、本人にとっては退屈極まりないのですね。

それからAさんは人生について深く考え、私の法話会に来られました。しかし法話は上の空、ずっと窓の外を見ています。

帰りに少し話をしました。

「あなたの場合、退職してむなしいと思うのは、人と比べることから、その考えが生まれていると思うのです。そこで退屈＝つまらない人生という流れになっているのでしょう」

「退屈」。これは仏教から来た言葉なのです。仏教では、修行の厳しさに負け、続けていく気力をなくすことを「退屈」と言います。つまり仏道修行に退き屈すること。やることがなくて暇なのではないのです。果たし遂げるべき課題が持てなくなった。または目標が大きすぎて「できない」と屈しているのです。

目の前の人から、生き方を学ぶ

果たすべき課題が見つかった日から、日々の出会いに意味を見いだすようになります。それが、退屈から抜け出す方法です。

あなたには「師」といえる人がいますか？　「友」がいますか？

自分を育て導いてくれた人の生きざまを学ぶ、それが師から学ぶということです。悩みを抱えながらも頑張って生きている仲間の姿から学ぶ。それが、友から学ぶということです。

目の前の人から、自分の人生を見直していくのです。そこからあなたにできる「生き方」を見いだせるのです。師や友は、あなたに生きる力を与えてくれるのです。

人との出会いとは、何も新しいコミュニティに参加することだけではありません。たとえ他人であっても、学びはあります。

私は、ちょっとした時間ができると喫茶店に入ります。周りを見てみると、いろいろなお客さんがいます。一見華やかな服を身にまとっていても、表情は暗い人。質素な服を着ていても、本を楽しそうに読んでいる人。仲間数人で趣味の話、同僚と仕事の話、ナンパしようとしているのか異性をチョコチョコ見ている人もいます。

みなさん、自分の人生を生きているのだなと感じるものです。あれこれ想像するだけでも退屈になりません。

しかし、「この私」がいつも柔軟な心や発想を持っていないと、誰と出会っても変わりません。人に教えをいただくときには、ひとまず自分の価値観を脇に置くことが大事だと感じています。

行動を通じて、多くの出会いもあるでしょう。そのかわりプライドは捨てることです。課題を決めた先には、やることが無数にあります。今からでも遅くありません。

第2章　孤立しないために～孤独、伴侶、友とのつきあい方

問

新しい友人をつくりたい

自分から声をかける練習をしませんか

なぜ友がいないのか？

老後の三大不安は、健康、お金、孤独と言われていますが、中でも孤独は寿命を縮めると言われています。

予防医学研究者の石川善樹さんの著書『友だちの数で寿命はきまる 人との「つながり」が最高の健康法』（マガジンハウス）によると、孤独は喫煙よりも体に悪く、また、人とつながりの少ない人は多い人に比べて死亡リスクは2倍だとか。

これはけっして孤独が悪いということではなく、孤立してはいけないということです。

私たちは一人では生きていけないのです。「今日、あなたと会えた。ありがとう」と笑顔で言える友はいますか？

人との関わりが苦手な方もいるでしょう。このままでは孤独な老後が待っているという不安がありながら、出会いを恐れている方もおられると思います。

そもそも友がいる人、いない人の違いは何でしょうか？

知人のAさんは夫と二人暮らし。夫は現役時代、職場の同僚や部下を家に招き入れ、Aさんは手料理をふるまっていました。それは楽しい時間だったそうです。

しかし、夫が退職した途端、同僚や部下たちはAさん宅を訪れることはなくなり、夫は寂しい日々を過ごしています。

ある日Aさんは、夫の元部下にばったり出会います。

「夫も一人で退屈していますので、どうぞお寄りください」

と声をかけると、

「申し訳ないのですが、上司だから、ご主人とおつきあいしていました」

と言われたそうです。

さらにAさんは、

「夫が何か不快にさせてしまったのなら教えてください」

と尋ねると、

「じつは……いつも一方的に同じ話を聞かされ、きつかったんです」

とのこと。

Aさんは、だから夫には友達がいないのかと、しばらく呆然となったそうです。

こういう人は、相手の話題を褒めながらも、すぐに話を自分にすり替えます。「聞いてほしい、褒めてほしい、共感してもらいたい」と思うのはわかりますが、会話は相手があってこそ。必ず、言葉のキャッチボールが必要なのです。

年齢を重ねれば重ねるほど、人は「我《が》」が強くなります。我というのは、自分を守る心のバリアのことです。この年になってバカにされたくないという自我も強くなります。しかし、その強さが友人を失わせてしまうのです。

本音で語り合っていますか？

「あの人は優しいのだけど、本心は言わない。かえって何を考えているかわからない」とおっしゃった方がいました。

美しい上品な言葉を使い、いつも笑顔を絶やさないことは素晴らしいのですが、本音がわからないのです。人間というのは完璧に生きているわけではありません。

自分のダメなところをさらけ出すと、相手はホッとできるのです。

「腹心の友」という言葉があります。読んで字のごとし「腹と心」ということから、体の中心となる大切な部分を指します。

そこから転じて、「心の奥底でわかり合える友」という意味になりました。

つまり、うわべだけの会話ではなく、心で感じたことを相手に伝えられることで、友達はできるのです。

「腹を割って話す」という言葉からもわかるように、腹というのは自身の頼みどころ、急所です。そんな体の大事な中心を相手に見せることができていますか？

友を尊重できる人であれ

インドのお話です。ある町に有名な二人の画家がいました。

あるとき、国王が二人のどちらの腕が上なのかを知りたくなりました。優劣を決めようと、それぞれ得意の絵を描くように命じられました。一人の画家は直ちに制作にとりかかり、6ヵ月後みごとな絵を描きあげました。ところがもう一人の画家は少しも絵を描かず、ひたすら壁を磨いていました。待ちに待った王は、はじめの画家の絵に深く感服されました。

そして、その絵の向かいに置かれた、もう一人の画家の絵をご覧になりました。それは最初の画家の絵よりももっと深みのある、すばらしい絵でした。王が感嘆しておられると、その画家は、

「国王さま、この絵は私が描いたものではありません。私はただ壁を磨いていただけなのです。その壁に彼の描いた絵が映っているだけです。ですから、これが美しいとおっしゃってくださるのなら、それは向かい側の絵がすばらしいからです」

と。

その言葉に王は感服されたということです。

じつは、その絵を描いたのがお釈迦さまの内弟子のひとり目連《もくれん》、ひたすら壁を磨いていたのが、もう一人の内弟子、舎利弗《しゃりほつ》であったとお釈迦さまが説法されました。この二人の関係は同じ仏弟子《ぶつでし》です。

目連と舎利弗の信頼関係は、どちらが優れているかということではなく、相手の魅力、才能、その尊さを、皆に気づかせる間柄であったのです。

友を尊重できる人に、人は集まります。

自ら声をかけられる人であれ

奥さまを亡くされた男性から、孤独でむなしいとメールをいただきました。私が「多くの人に出会っていきませんか？」とお伝えしたところ、「この年になって、なぜこちらから声をかけないといけないのか？」と返事が返ってきたのです。まるでこちらからシッポを振るのは恥だと思っているかのようです。

私は、先に頭を下げる人こそ、柔軟な心の持ち主だと思っています。

人間というものは相手の様子をうかがって、後出しじゃんけんをしたがりますが、人間関係は駆け引きではないのです。

自分から話しかけられる人であるほうが、その場限りのつきあいだとしても学びが生まれます。私も喫茶店のマスターや新幹線でのお隣さんなど、きっかけができたら、話しかけています。

私の人生後半の目標は、「おせっかいおばさん」になることです。

すべての年下の方は自分の子どもだと思い、できる範囲で関わっていき、悩みに向き合う。

年上の方には、「よくぞ今日まで生きてくれました」と、頭を下げていける関係を持ちたいのです。そうやって社会と関わり、恩返ししていきたいと思っています。

その心に、孤独はありません。

親鸞聖人の教えを受け継いだ蓮如《れんにょ》上人は、

〜いたりてかたきは、石なり。いたりてやわらかなるは、水なり。

水、よく石をうがつ。(うがつ=貫くこと)〜　『蓮如上人御一代記聞書１９３条』

とおっしゃいました。

「やわらかなるは、水なり」の水とは心です。

水の味は主張しません。もし水が何かの味を出して主張したら、その途端に料理の風味が変わってきますね。

水のように柔軟な姿が、まさしく相手の心をホッとさせるのではないでしょうか。

恐れず、柔軟な心で人と関わっていきましょう。

問　孤独な老後が怖い

孤独は怖いものではなく、「孤立」するから怖いのです

そもそも人はひとりぼっち

最近、書店には、「孤独」をテーマにした本が並んでいますね。

超高齢社会になり、ご高齢の方の一人暮らしも増えています。

もし一人暮らしなら、どんなときに孤独を感じるのでしょうか？

以前、ラジオの公開録音のとき、多くのリスナーさんが握手を求めてくださったのですが、「いつもラジオの妙慶さんに話しかけています」と言う方がおられました。

喫茶店などでは、人の気配を感じられるから安心するという方は多いようです。

寂しいというのは「人の気配を感じない」ということになるのでしょうか。

室生犀星《むろうさいせい》という小説家は、

〜ふるさとは遠きにありて思ふもの／そして悲しくうたふもの／よしや／うらぶれて異土の乞食《かたい》となるとても／帰るところにあるまじや／ひとり都のゆふぐれに／ふるさとおもひ涙ぐむ／そのこころもて／遠きみやこにかへらばや／遠きみやこにかへらばや〜

「小景異情《しょうけいいじょう》その二」

と歌っています。

誰しも生まれ育った故郷を離れていると、望郷の念に駆られますね。しかし故郷へ帰ったとしても、幸せになれるとは限りません。

私も正直いって孤独を感じることはあります。母親が生きてくれていたら、親孝行したいなと思うことは多々あります。しかし、実際、母が生きていて側で暮らしていたとしたら、今度は「口うるさいな」と愚痴が出ることは容易に想像できます。

でも、一人だから孤独なのでしょうか？

そうではありません。どんなに大勢の人に囲まれていたとしても、人間は本質的にひとりぼっちなのです。

自ら生み出す孤独地獄

多くの人に囲まれていても、孤独を感じている人はいます。昔、アナウンサーの仕事をしていたとき、有名な女優の誕生日会に招かれたことがありました。大豪邸でお酒や食事がふんだんに振る舞われます。こんな華やかな世界があるのだなと酔いそうになりました。

しかし、終電の時間が近づくとともに人は帰っていきます。すると、その女優さんが、

「一気に帰らないで！　私、寂しいの」

と、泣き出したのです。

どれだけにぎやかな時間を過ごしても、最後は一人になるのです。

人生とは、もともと一人ひとりの人間が縁あって集まり、つながって生きているのです。だからこそ、お互いがそれぞれの立場や違いを超えて、共に認め合い尊敬し合うことの大切さを学ばせていただくのです。

しかし、人間というのは自分中心にすべてを見て、気に入らないと争いを起こし、欲望・怒り・ねたみの感情がうずまいています。

～我、今、帰するところ無く、孤独にして同伴無し～
『往生要集《おうじょうようしゅう》』（源信僧都《げんしんそうず》）

どういう意味でしょうか。「私は今、帰るべき場所もない。たった一人で、友も無く、孤独の中にいる」とおっしゃっているのです。

それはまるで、地獄のような世界であると続きます。地獄とはどういうところでしょうか？　閻魔《えんま》さんが裁くところでしょうか？　そうではありません。自らの欲望ばかりを優先させて、他者を傷つけても痛みを感じることが無い者が、終《つい》には堕ちていく世界です。

人間は「もちつもたれつ」の中で生きています。

しかし、このことに目が向けられない人は、孤独の世界に堕ちていかなければなりません。友も無く、孤独の世界で地獄の苦しみを背負っていかなければならないのです。

あなたは多くの人に支えられている

私も孤独を感じて生きてきました。しかし、なぜ今日まで生きることができたのでしょうか？　それは親鸞聖人の生きざまを知ることができたからです。そして、親鸞聖人の生きざまを生きている師匠、先輩、仲間がいたからです。

今はたった一人の肉親である兄、そして亡きご先祖がいたからです。

厳しい状況の中でも親鸞聖人はじめ、ご先祖は生き抜いてきた。師も仲間も生き抜いてきた。その姿を見ることができたからです。共に耐え、学び合った仲間がいたからこそ、孤独の中でも悠々と生きていけるのです。

世間では「絆」という言葉が大切にされています。背景にあるのは、いかにみなさんが寂しさの中で生きているか、ということなのでしょう。

私たちは、たった一人で生きてはいけません。「すべては関係性の中で、お互いに相支《あい》え、相支えられつつ生かされている」のです。それが、お釈迦さまがおっしゃった「縁起」です。

今こうして自分が生きていることの喜び、多くの方に支えられていることに気づかされたとき「おかげさま」と言えるのです。

私もあの人もみな、生かされている。その命を認め合い、尊敬し合う。

そのことに目覚めたとき、慶びが生まれます。

そして孤独と共に生きていけるのです。

孤独を友として生きる

人間は本質的に独りなのです。ひとりぼっち同士がたまたま縁あって集まり、連帯しているにすぎないのです。

「孤独」というものを、まるで虚しくて寂しい時間を過ごしているかのようなイメージで、とらえていませんか？

そうではありません。大勢の中にいても、共同生活をしていても、「みんな」と一緒に何かをやっていきながらも、孤独を引き受けて生きるということなのです。

「一心同体」という言葉があります。

「あなたと私は一緒よね」と、愛情の深さを訴える言葉でもあります。

しかし本当に一緒でしょうか？　愛する人と食事をするときも、同じ景色を見るのもすべて「同じ感覚」でしょうか？　そこには無理があります。もし同じ感覚になれない場合、「あの人とは合わない」と拒否する心も生まれるのです。

私は、師から「別体同心」という言葉を教えていただきました。それぞれが別々の感覚を持って生きている。みんなと一緒にやっていくけれど、同じにはならない。それぞれの思想を持っているのです。すると、人を非難することもありません。

蓮如上人は、

〜王法は額にあてよ。仏法は内心に深く蓄えよ〜

『蓮如上人御一代記聞書１４１条』

とおっしゃいました。世間の風に流されて自分を見失ってはいけないけれども、逆に無理に我《が》を通しすぎても結局うまくいきません。つまり思想を強くしすぎて世間と戦わないという意味です。

私はテレビ番組出演のお話をいただくことがあります。中にはバラエティの依頼もありますす。内容によってはお受けするのですが、ほとんどが芸能ネタです。そこに「仏法を伝えるのだ！」と自我を強くしても場が乱れるだけです。それが「孤立」です。

自分の思いだけを押し通し、自分の世界をつくってしまうと、周りはついていけないということです。

しかし、私は、それが逆にチャンスだと思っています。世間で話題になっていることから、仏教の教えにつながることがあるのです。世間の流れにすべて流されない中で、臨機応変に仏教をやわらかく伝えていける。

これが「孤立」ではなく「孤独」を楽しむということです。

さて、孤独とは、暗いものでしょうか？

お釈迦さまは「自灯明《じとうみょう》、法灯明《ほうとうみょう》」とおっしゃいました。

「自らを灯火（よりどころ）とし、他を灯火とするな。仏法を灯火として、他を灯火とするな」

というのです。

自灯明というのは、自分の考えに頼れということではありません。「独立」せよということです。自分で考え、考え直せる人間になれということなのです。

そして法灯明、そのためには勉強（聞法《もんぼう》）しなさいということです。

親鸞聖人の教えは、「一人」になることのできる宗教です。

孤独を友として生きる。孤立ではなく、「独立」した人間として生きていきましょう。

問

伴侶と過ごす時間が憂うつ

「ありがとう」「ごめんなさい」と伝えてみましょう

夫に冷たい妻の心理

僧侶は、家を訪問してお参りさせていただくことがあります。

ある60代のご夫婦の家に伺ったときのことです。妻のYさんは、笑顔で私を迎え入れてくれました。いつもなら私とYさんの二人でお参りなのですが、その日は連れ合いさんが仏間に入ってこられました。

「今日は、仕事がお休みなのですか?」

と尋ねると、

「昨年、定年退職しまして。これからは夫婦でゆっくりしようと思っています」

と言います。

「そうでしたか。それでは三人でお勤めしましょう」

と合掌。

その後、Yさんが、

「妙慶さんが大好きな井村屋さんのぜんざいよ！　召し上がって」

と笑顔で出してくれたのです。それを見た連れ合いさんは、

「俺にもくれ」

と妻に言います。するとYさんは、眉間にシワを寄せて、

「ぜんざいなら鍋にあるわ」

と一言。

今度は連れ合いさんがタバコを吸おうとすると、

「場所をわきまえてよ」

と怒ります。連れ合いさんは、体裁が悪かったのか奥に引っ込み、後でこう悲しそうに話してくれました。

「定年退職してからゆっくり過ごそうと思ったら、こいつがヒステリックでしてね。僕の居場所がないんですわ」

この場の雰囲気だけをみると、Yさんが夫をいじめているように見えます。

では、Yさんはなぜそんなに冷たいのでしょうか？　そこには必ず何らかの理由があるのです。夫はYさんを、「ただのヒステリックな女」としか見ていません。だからYさんはますます怒りを募らせるのです。

夫は、なぜ妻が自分に冷たくあたるのか、理由を知ろうとはしていないのです。

私はYさんに、

「ご主人とは、ここ最近、けんかが続くのですか？」

と尋ねました。すると、Yさんは、

「昨日、今日の話ではありません。今から40年前のことです。私が妊娠、出産したとき、夫は家事や育児の協力をすることなく、休日はゴルフ、おまけに浮気もしていました。帰宅しても『飯！』『風呂！』しか言わないのです。まったく私に優しくしてくれることはありませんでした。そこで、夫が退職したら『復讐してやる！』と誓ったのです」

人間は、昔受けた仕打ちは心に根深く残っているのだと思いました。

夫婦関係が良くなる一言

私はYさん夫婦に座っていただき、ご本尊に向かい和讃《わさん》を読ませていただきました。

〜罪障《ざいしょう》功徳《くどく》の体《たい》となる　こおりとみずのごとくにて
　こおりおおきにみずおおし　さわりおおきに徳おおし〜
『高僧和讃・曇鸞讃《どんらんさん》20』

曇鸞さんが「さわりおおきに徳おおし」とおっしゃったのは、「人生には誰でも障《さわ》り（障害）があるのです。それを学びとし、今までのことは水のように流していけるところに本当の徳がいただける」ということなのです。

私は連れ合いさんに、

「奥さんには、『優しくしてもらえなかった』という長年の恨みが残っています。それなのに定年後は何ごともなかったように残りの人生仲良くと言われても、気持ちが付いていけないのでしょう。奥さんは、好きでヒステリックになっているのではないのですよ」

と伝えました。そして、

「ご主人は、一度でも奥さまに、『ありがとう』や『ごめんなさい』とおっしゃったことはありますか？」

と尋ねてみたのです。すると、

「俺は男や！　そんな格好の悪いこと言えるか！」

と反発されたのです。私は続けました。

「もしもご主人が逆の立場だったらどうですか？　まるであなたがこの家を支配しているようですが、安心して今まで仕事ができたのは、誰のおかげですか？　その目に見えない『陰』に頭を下げるのが、『ありがとう』『ごめんね』ではないでしょうか？」

Ｙさんにも「忘れられない！」という自我の思いが執着となって固まっていました。私には素敵な笑顔で対応できても、夫に対して笑顔は出ません。

水は温度が下がると氷になります。流れることなく固まっていきます。Ｙさんも恨みで心が氷のように固まり、いくら夫が変わっても、謝っても、受け入れることができなくなるのです。

私は、こうお伝えしました。

「奥さんの心は、『許さない』という恨みの氷でパンパンです。半分でいいので流していきませんか。それが許すということです。謝ることを知らなかったご主人を許してあげませんか。するとあなたの心が雪解けしたように柔軟になります。流した空間に、新たな出会いを入れていきましょう」

後日、法務へ向かっていると、Yさん夫婦がウォーキングをしています。私を見つけると、夫が駆け寄ってきました。

「あの夜、酔った勢いで妻に『今までごめんな！』と言ったのですよ。すると妻は『もうわかった！ ええ！』と言いながらワンワン泣くんですわ！ ほんまありがと！ 阿弥陀《あみだ》さんのおかげや！」

と喜んでくださいました。

伴侶に対して、一番簡単なのに言えない言葉は「ありがとう」「ごめんなさい」です。この二言を、まず伝えましょう。人生後半、がらりと変わりますよ。

おたがいさまの気持ちで

知人が住職を務めるお寺では、毎月、法話会を行っています。お勤め、法話の後には、日々感じたことを何でも話し合う時間を設けているそうです。

ところが、既婚女性のほとんどは、夫の不満話ばかりだそうです。ある女性は、

「夫は自分のことは棚にあげて、私のことを指摘します。おまけに『出て行け！』とまで言い、悔しくてたまりません」

と涙ながらに訴えたとのこと。どこかで発散しないとこの身が持たないのは、痛いほどわかります。お寺は愚痴大会をする場所ではありませんが、確かに愚痴を言いたくなりますよね。吐き出してもいいのです。

しかし、どれほど愚痴を言っても、相手は変わりません。

「愚痴の後、どうしたらいいのか？」ということを阿弥陀さまは問いかけておられるのです。私たちは、煩悩を抱えた凡夫《ぼんぷ》です。「あの人とは合わない」「あの人は許せない」という気持ちは誰でも持っています。

しかし、その怒りの感情が煩悩なのです。

「嫌な人（夫や妻）と人生の後半も、一緒は嫌！」という気持ちはわかります。しかし、よく自分を見てください。嫌な人も、あなたにつきあっているのです。

あなたは完璧ではありません。おたがいさまという気持ちで、あとは力を抜いて心の中で「アホか！」と吐き出し（笑）、生きていきましょう。

妻の足の裏をもんでみませんか

私は師から「勉強はできても恩知らずになったら最悪や」と言われたことがあります。この「恩」とはどういう意味なのでしょうか？

元々インドの言葉で「カタンニュー」といい、「私のためにしてくれたことを知る」という意味だそうです。

恩を知るということは、自分が今日まで生きることができたのは何故であったかを心に深く考え、思い、知ること。ですから恩という字の通り、「因を知る心」なのです。

私たちは、これまで自分では気がつけないくらいの「恩」をいただいてきました。

私たちは物をいただくと、お礼を言います。また、自分にとってメリットのあることであれば、感謝もします。

しかし目に見えない、手で触れることのできない恩の方が大きいのだと、親鸞聖人は呼びかけておられるのです。それが報恩感謝《ほうおんかんしゃ》（これまで自分を育ててくださったすべての恩に気づき、その恩に報いること）です。

真宗の教えに出遇われ、小学校の教師でもあった東井義雄《とういよしお》先生の『拝まない者も　おがまれている』（光雲社）に書かれているエピソードです。

東井先生は、明治生まれの教育者、徳永康起《とくながやすき》先生（「超凡破格の教育者」と評された伝説の教師。若くして小学校の校長に任命されるも降格を申し出、一教員として生きた）と出張に出かけました。

宿泊先で突然、徳永先生から、

「東井先生、うつぶせになってください」

と言われたのです。東井先生は驚いたものの、うつぶせになりました。

徳永先生「これからあなたの足の裏をもませていただきます」

東井先生「そんなことを徳永先生にされたら罰《ばち》があたってしまいます。もったいないことです！」
徳永先生「東井先生は、奥様の足の裏をもんだことはありますか？」
東井先生「いえ、ありません」
徳永先生「では、なおさらもませてください。そして、明日、お宅にお帰りになったならば、私がもんだのと同じように奥様の足の裏をもんで合掌してください」

徳永先生は、まず合掌して足の親指の先から順番に指の根元まで丁寧にもみおろしました。そして足裏の中心をもんでもらいながら東井先生は、

「私はむしろ拝まれる人間であり、妻の足の裏なんて、もんでやる必要はない」

と思っていました。

翌日、仕事を終えた東井先生は帰宅し、玄関で迎える妻に「おまえ、すまないがうつぶせになってくれ。足をもませてくれ」と言いました。

かたくなに拒否する妻に、

「おまえの足の裏をもまねばならぬわけがあるんだ。徳永先生との約束なんだ」

と頼み込みました。ようやく妻がうつぶせになると、仕方なしに拝むまねだけして、早く

済ませようと思っていました。

ところが、両手で妻の足の裏にさわった時、ハッとしたのです。

「熊の足の裏みたいにガサガサしている。妻は、この町に生まれ、大事に育てられ、嫁入りしたときには、柔らかい足裏をしていただろう。結婚して何十年も経ち、こんな足の裏になってしまったのだろうか。家のことはすべて妻にまかせ、私は何もしていなかった。私のためにここまで……」

そのうち、胸がいっぱいになり、心から感謝をこめて拝んでいたのでした。

人間は長生きしたからといって不安は消えません。

お金があればあったで、子どもや親戚に使われることを恐れます。異性を見れば、「もっと若ければあの人を口説けたのに」とも思うでしょう。側にいる伴侶を見れば、別の人と結婚すればよかったと後悔も出るかもしれません。

しかし、愚痴や不満の人生で終わっていいのでしょうか？

そうではなく、目の前の人に、「ありがとう」とお礼を言いましょう。

それが人生後半にできる私たちの務めなのです。

問 伴侶の存在そのものがストレス

「人間はいつか死ぬ」と思えば楽になります

妻は我慢している

知人の男性Tさん（70代後半）がこうおっしゃいました。

「私が死ぬときは、きっと周りに誰もおらん。妙慶さん、側で看取ってくれないか」と。冗談だと受け取り、軽いやりとりをしていたのもつかの間、Tさんの容態が悪くなったと聞き、急いで病院へかけつけました。

なんとTさんは私のほかに、妻、息子さん夫婦、お孫さんに囲まれたことに歓喜され、

「あー！　わしの人生は最高やった。ありがとう！」

とおっしゃったのです。

しかし妻は、

「あなたは最高の人生だったかもしれませんが、私は最低の人生でした。最期ぐらい、私に何かおっしゃったらどうなの？」

と怒りをぶつけたのです。病室は、シーンと凍りつきました。Tさんは何で怒られているのか理解できないまま、バツが悪そうに目を閉じ、10日後、お浄土に還られたのです。

最後まで我慢を重ねてきた奥さん。何とその場で、私に泣きながら今までの不満を打ち明けられました。

「この人は何の相談もなく家や車を購入。子どもの教育のこともお金のことも、すべて自分が管理。何一つ私の意見は通りませんでした。定年後は、旅行に連れて行ってくれるどころか、庭の敷地にマージャン店をつくり、私はお茶くみババァ扱いです。堪忍袋の緒が切れそうになって、何度離婚しようと思ったことか。さらに酒、タバコ、女性関係も切れない中、倒れて入院です。こうして介護の生活が続きました。その時も、あれを持ってこい、もう帰れと命令ばかりするのです。最期ぐらい、なぜ私に『お世話になったな』と言ってくれなかったのでしょうか。葬儀をする気にもなりません！」

奥さんは、怒りの中におられます。

何十年の苦労の蓄積が、夫が亡くなったことで爆発したのですね。

社会学者の上野千鶴子さんの講演会で、こんな話がありました。

「風邪を引いている妻の枕元で、『メシの心配はしなくていい。俺は外で食ってくるから』と言った夫の話がある。『私のメシはどうなるのよ』と寝ている妻は言いたいところだろう。こんな夫でも妻から離婚されずにきたのが、日本の男だった」

と何かの本で書かれたエピソードを語られました。夫の思い込みの強さがわかりやすく表現されています。

また、ある落語家さんは、「夫が威張っていられるのは、妻の忍耐があったからだ」とおっしゃいました。世の既婚男性は、「冗談ではない！」と反論したいところでしょうが、今こそ、「夫の思い込み」について考える必要があるのではないでしょうか。

伴侶が病をつくる

いま定年後の夫婦に多くみられる「夫源病《ふげんびょう》」。この言葉を耳にしたことがありますか？

夫源病とは読んで字のごとく、夫が源（原因）となって、妻の体や心が不調になる病気です。医学的な病名ではなく、大阪樟蔭《しょういん》女子大学の石蔵文信《いしくらふみのぶ》元教授が男性更年期外来で中高年の夫婦を診察する中で気付き、命名されたそうです。

夫源病は夫の何気ない言動に対する不満、あるいは夫の存在そのものが強いストレスとなって、自律神経やホルモンのバランスを崩し、妻の体に、めまい、動悸、頭痛、不眠といった症状が現れるそうです。症状だけを見れば、40〜60代に起こりやすい不定愁訴である更年期障害にも似ています。

これは夫から受ける病気だけではありません。妻から受ける言葉でストレスを抱える夫もいます。「加齢臭くさい」「また家にいるの？」

こんな言動が、伴侶の健康をおびやかし、病を発症するほどの悪影響を与えてしまうのです。

定年後、どちらもずっと家にいる夫婦は危険かもしれません。常に相手の行動が目に入ってくるからです。パートナーが視界に入るだけで不調になるそうです。

離婚したくても経済的なこと、世間的なことからそう簡単にできないという夫婦も多いでしょう。

私たち僧侶は、「夫源病」とは無縁だと思われがちですが、そうではありません。尊いお経をいただいているからといって、僧侶の性格が必ずしも良いとは限りません。たとえ仏教を学んでも怒りっぽい僧侶もいます。言葉にトゲのある方もいます。

私の友人は、一般の家庭からお寺へ嫁ぎました。すると、彼女の夫であるご住職から、「妙慶さん、お寺で法話をしてくれませんか」と優しい声で電話があったのです。友人の顔も見たいし、喜んでお参りさせていただきました。

はじめはご住職が挨拶をします。そのとき友人は台所にいて、本堂には入ってきませんでした。私の法話の時間になると、友人は本堂へ入り聞いてくれます。ところが、最後の挨拶をご住職がしようとすると、友人は本堂から出たのです。

理由を聞くと、

「あの人の話なんか聞かないわよ。ご門徒の前や妙慶さんの前では、いい人ぶっているけれど、私のことはボロかすに言うのよ！」

と怒っています。「坊主憎けりゃ袈裟まで憎い」とはこのことでしょうか？（苦笑）

しかし、友人の気持ちは痛いほどわかります。他人に対して良い顔をして、身内にはトゲのある言葉しか言えない。これは「心の弱さ」の表れです。仕事関係の人には頭を下げておかないと、後のことが心配です。その不安を身内である妻にぶつけてしまうのです。家では、自分が上に立っているので、妻を攻撃するのは簡単なのでしょう。

夫が僧侶だからというのは関係ありません。心の弱い人は、家で強くなるしかないのです。しかし、そうなると、妻はたまったものではありません。


私も、嫌みを言われることはあります。そのときには、

「この人、私が注意しなくても、ほかでも嫌われているだろうな。残念な人だな。いつか人間は死ぬ。嫌みを言っても人間はいつか死ぬ」

と思うと気持ちが大きくなります。それが、お釈迦さまが教えてくださった、

「生老病死《しょうろうびょうし》の理《ことわり》の中で生きていく」

ということなのです。

相手の小さい土俵に入りこまないことです。

それよりあなたの大きな「願い」を持って、あなたの人生を生きてください。

問 相手の声を聞く、伝える努力をしませんか

伴侶が定年後の田舎暮らしに賛同してくれない

妻が賛同しない理由

ある友人の話です。「定年後は、田舎でのんびり暮らそう！」と妻に告げました。その言葉に妻は「あなた一人でどうぞ」と。妻の反応に友人はがっかりしています。

「女は黙って俺について来い」。これはかつての日本男子の言葉です。しかし今は、「『黙って俺について来い』と言って振り返ると、後ろには誰もいなかった」がふさわしいのではないでしょうか（笑）。

突然夫から「定年後は田舎で暮らそう」と言われて、賛同できる妻もいるでしょうが、いろいろな理由で、今の環境を変えたくない妻も多いことでしょう。

反対する大きな原因として、「私には相談してくれず、一人で勝手に決めた」ということ

も大きいようです。自分の思い込みで勝手に決めた夫の突然の言葉は、妻にとってまさに青天の霹靂《へきれき》です。「私の気持ちを考えたことがあるの!?」、そんな怒りがこみ上げるのは当然です。

男性の中には、妻との会話を面倒に思う人がいます。それは、「言わなくても俺のことはわかるだろう」「察しているだろう」という思い込みかもしれません。しかし妻にとっては、言ってくれないとわからないことだらけです。特に中高年の男性は、妻は言わなくても自分をわかってくれるはず、と思い込んでいないでしょうか？

妻の声を聞いていきませんか

経典のひとつ『大無量寿経《だいむりょうじゅきょう》』に「心得開明《しんとくかいみょう》」「耳目開明《にもくかいみょう》」という教えの言葉があります。「自分の思いだけで心を閉じるのではなく、まず心の扉を開こう。すると、耳が開かれ、目が開かれる」という意味です。

耳や目が開かれるとは、相手の心の叫びを聞いて見ていくということです。

妻はただ、怒りを出しているのではありません。今まで聞いてもらえなかった寂しさを訴えているのです。そのことを今こそ理解し、耳を傾けていきませんか。

相手の言葉を素直に聞いて、うなずいてこそ、お互いの心が通じ合うのです。

たとえば、もしも田舎暮らしを望むのなら、

「今まで苦労をかけた分、気持ちもゆったりできる場所で人間らしい生活をしてみたい。料理も勉強して君にも食べてもらおうと思っている」

など具体的に、どんなことを相手にしていけるのか、言葉をかければいいのです。

「してほしい。かまってほしい」と自分ばかりの要望を出すのではなく、相手も同じことを求めていることを忘れないようにすればいいのです。

私は師から、

「浄土は言葉がいらぬ世界であり、地獄は言葉の通じない世界である。人間の世界は言葉の必要な世界である」

と教えていただきました。

相手の声を聞く、伝える努力をする、そこから相手は、少しずつ心を開いてくれるのではないでしょうか。

問　温かい人に、人は寄ってくるものです

これからの人生、異性の友もほしい

いくつになっても色気は必要

これから老後を迎える私たちには、色気も必要かもしれません。

先日、女友達から「妙慶さんは、まだ女という意識ある？」と聞かれました。

その質問にびっくりしたのです。

私は逆に「あなたはどうなの？」と聞くと、「まったくないわよ！　中年だし、男性を見てもウキウキすることはないわ」と言います。

しかし、彼女はしっかりお化粧もして、アクセサリーもつけ、身だしなみを整えています。

そんな彼女に「では、なぜおしゃれをするの？」と聞くと、「同年代の人にバカにされな

いためよ！　そこそこお金を持っていることを見せつけないと、バカにされるでしょう」と言うのです。あぜんとしてしまいました。確かに異性のことは意識していないせいか、大きな声で話します（笑）。これでは、せっかくのおしゃれが台無しです。

さて、町を歩く中高年のカップルを見ながら感じることがあります。この二人はカップルなのだろうか？　夫婦にはない雰囲気があり、「つきあっているのかな？」「何か秘密がありそうだな？」と感じることがあります。

私は、まだ女を捨てていません（笑）。同性とは気取らずぶっちゃけトークができます。しかし、異性の友人とのつきあいは、何歳になってもある程度女を意識することができ、自分磨きにもなると思っています。

そして年上の異性の友人と会うときは、男女それぞれに視点が違った会話ができて楽しいのです。ほどよい距離感とマナーを持ちながらお会いしています。

その中でも、いくつになっても「もてる」男友達がいます。

もてる男性Tさん

58歳のTさんは、妻を亡くしてから独身を貫いています。妻は亡くなるとき、「再婚してもいいよ」と言ってくれたそうですが、彼の中では今の生活が満足だと言います。

ある日、私に久しぶりに食事でもと声をかけてくれました。その時の対応を見て、もてる人とそうではない人には、大きな違いがあるなと感じたのです。

「妙慶さん、何が食べたいですか？　お忙しいでしょうし、こちらでお店を探そうと思っております。リクエストをお待ちしています」と。

私は、「お言葉にあまえ、よろしくお願いします」と返事をしました。するとどれだけ忙しくても、「了解しました」と、その日じゅうに返信があるのです。

Tさんは、小ぎれいな身なりでレストランに来られました。「今日はすごく楽しみでした。ありがとう」と笑顔でおっしゃいます。こちらもそのお声がけにうれしくなります。そして「今日はどうしても食事中、何本か電話がかかるかもしれませんが、お許しください」と前もってお知らせくださいます。当たり前のように携帯をテーブルの上に置くのではなく、貴重な時間をさえぎるかもしれないとおっしゃる姿に、相手の気持ちのわかる方なのだなと思ったものです。

さらには「このレストランは、今後も妙慶さんがお友達を誘ってきてくださいね」と輪が広がっていくことも願われているのです。

お店の人も紹介いただいたりしながら、二時間半ほどの食事が終わり、会計はバランスよく誘った方が支払うという関係になりました。帰りも「では、ここで失礼しますね」とさわやかに帰っていかれます。

すべてにスマートなのです。

もてない男性Mさん

一方、もてない人の代表は、57歳のMさんです。独身の彼に、何度か女性を紹介しましたが、ほとんどの女性が怒って帰ります。女性に理由を聞くと、

「デートの約束をしても、こちらが聞かないと日時を決めません。『この日はどうですか？』と提案すると、『いいですよ』と気のない返事で、本当に感じが悪いのです」

ということでした。

先日、そのMさんから「妙慶さん。今度、京都に行くのだけど、僕と会ってもいいという

女性がいれば紹介してくれませんか？」とメールがきました。私は、独身の友人が多くいるので、「では、ある友人をお誘いしますね。日時を教えてください」と返事をしましたが反応がありません。

一ヵ月が経ったころ、「今、四条にいるので、一時間後、どこかの店を予約してください」とメールがきたのです。私はあぜんとなり、「前もって連絡くださいませんか。友人も急には無理ですよ」と返事をしました。返信は「ショックです！」の一言。

自分が女性に縁がない理由が、まったくわかっていないようです（苦笑）。

Mさんからの「ショックです！」というメールには、返信はしませんでした。その夜、書斎で原稿を書いていると「一人での食事は寂しいので、一杯だけつきあってくれませんか？」とメールがきました。行きつけの居酒屋さんを指定し、おつきあいしたのです。

しかし、会うや否や「はあー！」とため息です。ここからテンションが下がります。食事をつきあってと誘いながら、まったく楽しくなさそうなのです。

さらにMさんは、「周りを見てください。こんなにカップルがいるのに、どうして僕は出会えないのですか？」と。私は一言、「あなたが暗いからですよ」と伝えました。

どうやらMさんは「優しい女性、明るい女性と出会えたら、自分も楽しくなれる」と思っているようです。相手も同じように求めていることには気がつけないのですね。

しかし、私も放っておけない性格なので、Mさんの今後を見守りたいと思っております。

もてる人、もてない人の特徴

もてる人の特徴を挙げます。

上手に誘える。メールやLINEの返事が端的で短い文章の中にも気持ちが込められている。マナーをもっている。愛嬌がある。清潔感がある。自分から挨拶をする。自慢話を控える。会話のキャッチボールができる。情がある。強さの中に謙虚さがある。相手をまず受け入れる。

一方、もてない人の特徴は、伝え下手。メールやLINEの返事が遅い。自分の世界を持ちすぎ。生活の乱れを感じる。性格が暗い。無愛想。口数が極端に少ないか、多すぎる。相手の気持ちがくめない。してくれるのを当たり前と思う。強いだけで謙虚さがない。余計な一言を言う。何事にも批判的。

「もてる」は見かけだけではありません。

年齢を重ねているからこそ深みのある、温かい人に人は寄ってくるのです。

強さより柔らかさ、賢いより情を深く。

相手まかせではなく、こちらも動く、臨機応変にできる人はもてます。

人生後半、ありがちな落とし穴

先日、70代の男性から、「妻を亡くし、孤独で寂しい日々を送っています。もう一度結婚し、活気を取り戻したいのですが、どなたか紹介していただけませんか」とメールがきました。

私が、「どんな女性を希望されていますか?」と尋ねると、「30代の女性をお願いします。金ならあります」と返事がきました。私は呆然としたものです。

つまりこれ以上寂しい思いをしたくないので、平均寿命を考え、できるだけ若い女性と過ごしたいということなのでしょう。

しかし若い女性とは簡単に結婚できないだろうから、お金という付加価値をつけて紹介してもらいたいというお気持ちなのですね。

ある有名芸能人が熟年離婚をされました。長年連れ添ったご夫婦が離婚ということは、晩年はおたがいに束縛されず、ゆっくり過ごしたいという大人の関係になったのかと思いきや、離婚後即、再婚されていました。個人的には「そういうことか！」と落胆したものです（苦笑）。残り少ない人生だからこそ、好きな人と夫婦として生活したいという気持ちもあるのでしょう。

しかし、離婚してまでも再婚とは、どこにそんなエネルギーがあるのでしょうか？

人生の折り返しをとうに過ぎたのに、突然もてはじめたら、ちょっと待てよと疑う気持ちは大切だと感じています。

私のもとへは、夫、または高齢の父に若い愛人ができて困ったと、たくさんのメールをいただきます。そのほとんどは、「年寄りの財産狙い」です。

知人男性のNさん（60代後半）が30代の愛人をつくり、妻に離婚を申し出ました。妻は動揺して私に相談してくれたのです。私はその愛人と一対一で会うことになりました。私は愛人に、

「あなたはNさんと結婚したら、この先介護もすることになるのですね。いろいろな問題も出てくるけど、よろしいんですか？　財産もそんなにありませんよ」

と言ってみたのです。

すると愛人は、

「そんなことありません。Nさんは財産が約20億円あると言っていましたから、私が介護する必要はありません」

と言い切ったのです。人間というのは突然の出来事に本音が出るものだと思いました。

そこで、Nさんが会社の役員から外れていること、会社は第三者の手に渡っていることを伝えたのです。そのときの反応は、想像にまかせます。

しかし、Nさんのほうは舞い上がったままです。Nさんに会い、愛人と結婚したい理由を聞きました。すると、

「愛人は妻と違って、私を構ってくれるのです」

と言います。つまり相手にしてほしいのです。

自分を楽しくしてくれる異性がいて、さらには若い女性ということで、刺激にも自慢にもなるのです。しかし、構ってもらっているときは最高かもしれませんが、人間はずっと楽し

い時間を過ごせるわけではありません。一人でいる時間も大切です。ときに色気も必要かもしれませんが、自分を見失ってはいけません。

明治期に活躍した真宗大谷派の僧侶・清沢満之《きよざわまんし》師は、

〜独立者は常に生死《せいし》巌頭《がんとう》に立在《りつざい》すべきなり〜

『清沢満之全集　第8巻』

「生と死、今の状況をしっかりと見つめることによって、他人や周りの出来事だけではなく、自己の思いにも振り回されることのない、本当の自己に向かいあうことができる」

と書かれました。

大地に立つ一本の木を想像してください。大地にしっかり根を張り、太い幹から枝葉を伸ばし、花を咲かせています。この木のようにどっしりと構えれば、他人に依存せず、束縛や支配されない関係が持てるのです。Nさんのように根っこがなく、人の甘い言葉に流される人は、どこかをさまよい歩く人生が待っています。

清沢満之師は、精神的に「独立」した人生を教えてくださいました。

まず自分の人生は何なのか？　しっかり大地に根を張って考え、自分という「人間」をつくっていきませんか。

第３章　これからどう生きる？

問 終活は早めにしたほうがいいか？
その前に、あなたの現在地を知っていますか

終活より大事なこと

あいかわらず終活ブームですね。

でも今を生きる活動「生活」を忘れていませんか？

自分が今どこにいるのか知らぬまま、終活をしようとしているのではないでしょうか。

人生後半で大切なことは、「後生《ごしょう》の一大事」をしっかり持てるかということです。

「後生の一大事」とは、わかりやすくいえば、「あなたはこのままで死ねますか？」という問いかけの言葉です。

結果を出すことで必死だった。家族を幸せにすることだけを考えてきた。

しかし、自分の人生をゆっくり振り返り、「自分とは何者か？」を考えることもなかった

のです。すると、あとは死ぬだけの人生がむなしい。終活をしなければと、死に支度に一生懸命になるのです。

親鸞聖人は、どこに立って、いかに生きるかを発見できたときに、心の底から喜べるということを身をもって教えてくださいました。

〜心《しん》を弘誓《ぐぜい》の仏地に樹《た》て〜　『教行信証』

この言葉は、自分自身がどこに立って、いかに生きるかを発見した喜びをもって述べられた言葉です。

自分が今どこにいるのか、どこに向かって歩いているのか、それが分からないから不安な気持ちになるのです。

今、あなたの現在地を本当に知っているでしょうか。

人生の行き先が分かっていますか？

分からないままに、「早めに終活しなければ」「孤独死したらどうしよう」などと考え、ただ、世間の風潮に流され、落ち着かない状態になっていませんか？

風となって来ては流れていくものを当てにして、日常を過ごしてはいないでしょうか。そんな面倒なことは考えたくないと思っているかもしれません。しかし、今を生きることなく後悔しながら浄土に旅立たれる方を多く見てきました。

私たちは必ず死んでいかねばなりません。

一度しかない、誰とも代わることのできない自分をどう生ききるのか。

それを明らかにするのは今しかないのではないでしょうか。

変えることも、消すこともできない「これまでの過去」は、「これから」どこにスタート地点を置くかで大きく変わるのです。まず現在地を確認しましょう。

そして、しっかりあなたの樹木の根を伸ばしてほしい。それが「仏地に樹つ」です。

私は私として生まれてよかったと命いっぱいに生きたとき、人生後半の本当の幸せが見つかるでしょう。

人生の現在地に目覚めれば、道は拓けます。

問　老いていく自分がみじめ
自分で苦しみを生み出していませんか

不自由と不幸は違う

ある夏の盛りに、親友が急死しました。彼の名前は田口弘さん（享年56）です。盲目の僧侶であり、東京の四谷にある「坊主バー」のオーナーということで、メディアでも注目を浴びた方です。

彼とは朝、夜と毎日2回、メールを送り合う仲でした。その理由が、彼が母親を亡くして一人暮らしになったからです。彼の生存確認と、「今日を一日どう生きるのか？」の目標を確認し、夜はどんなことがあったのかを報告し、必ず最後はお念仏の話でしめくくる法友（仏法を共にいただく友）でした。

幼少のころから弱視だった田口さんは20代で失明したのですが、その直前に、全国へ旅に出ました。脳裏に風景を焼き付けたいと思ったそうです。それはそれは鉄道に詳しく、いわゆる「鉄ちゃん」でした。また博学で、あらゆる話ができる方でした。

「いつか二人で共著の本を出そうね」と約束もしていました。もちろん私だけではありません。全国には多くの法友がいて、誰からも愛されていました。そして誰よりも「念仏者」として生きていた方です。親鸞聖人の生きざまを貫いた方でした。

田口さんは、バーのオーナーも務めながら多くのお客さんの悩みを聞いていました。「失恋した」と駆け込む方。「店の経営がうまくいかない」「夫婦仲が悪い」「死にたい！」と訴える方も、毎日のように訪ねてこられたそうです。

なぜここまでみなさんの悩みに向き合えたのでしょうか？

田口さんにも辛い経験がありました。父親を早く亡くし、母親と二人で生きてきました。もともと弱視ということで、学校では「田口、早く歩け！」と背中を足蹴りされる日々でした。そのため、田口さんの背中には、相手から蹴られたシューズの跡が毎日ついていたそうです。どれほど辛かったことでしょう。

失明を宣告された時も、死ぬことしか考えていなかったそうです。ある日、母親の知人で

ある真宗大谷派の僧侶が田口さんを訪ね、

「人間はいつか死ぬ。そう焦って死ぬなや。その前に会ってほしい人がいる。親鸞聖人に会ってこい」

と言われたそうです。

そして、その方の勧めにより、京都にある大谷専修学院に入学することになったのです。


大谷専修学院生活の中で、彼の人生を変えたことがありました。

80代の先生の特別法話があったときのことです。予定の時間になっても、先生は現れません。しばらくして、先生はようやくノソノソと杖をつきながら、腰も曲がった状態で到着。笑顔で、

「みなさん、遅くなって申し訳ないですな」

とおっしゃいました。

するとある学生が、

「先生、お気の毒なことをお願いしました。すみません」

と言ったそうです。

その瞬間、さっきまで笑顔だった先生の顔が険しくなり、

「今、お気の毒にと言った人はだれですか！　あなたは私のヨボヨボの姿を見て、お気の毒にと言った。あなたは、老いるというのは不幸だと思っていませんか？　確かに老いるというのは、今までできていたことができなくなることでもある。顔もシワだらけ。腰も曲がる。目も見えづらくなる。しかしこれも命の営みです。老いることで、今までできていたことが当たり前ではなかったことを学ぶ。勘違いしなさんな！　不自由になることと、不幸は違うんや！」

と力をふりしぼってお話しされました。その時、暗い日々を送っていた田口さんは、ハッとしたそうです。

「目が見えない。私は生きていても意味がないと思っていた。失われるものばかりを追いかけて、自分は不幸だと考えていた。しかし、声が出る。手がある。歩ける。耳が聞こえる。残された命を精一杯生きたらいいんや！　そうや、僕は不幸じゃない」

そう言いきることができたそうです。

それから毎日、聞法《もんぽう》（仏の教えを聴聞すること）を欠かすことなく、多くのお念仏者に会い、田口さんはたくさんの人に法の種をまかれました。

自分で悩みをつくりだす私たち

あるとき、田口さんの坊主バーに、一人の女性が悩み相談に来られました。田口さんは「よければ聞法会に参加してください」と誘い、彼女も聞法の日々を送られたそうです。そして彼女は、その会場である男性と知り合い、結婚するご縁をいただきました。

彼女の披露宴で、田口さんはこんなあいさつをされました。

「披露宴の席でまことに申し訳ありませんが、二人は結婚を選びました。世の中には、結婚が良いと思っている人もおられますが、結婚したことで苦労を背負ったという人もいます。結婚にもそれぞれの問題が潜んでいます。私は独身です。結婚することが『良い』と思っている人にとって独身は寂しく惨めにみえるかもしれません。確かに寂しいこともありますが、気楽な時間もいただきます。私からみると結婚は大変だなと思います」

会場は爆笑の渦に包まれました。

田口さんが披露宴でお話しされたことは、「さあ、おまえはどうする？」という仏さまからの問いかけなのです。

親鸞聖人は、

「どちらか一方が良くて、一方が悪いという切り捨てる生き方が、苦しみを生み出す」

とおっしゃったそうです。

親鸞聖人の直弟子であった唯円《ゆいえん》によって書かれた『歎異抄《たんにしょう》』に、こんな言葉が見られます。

〜善悪のふたつ総じてもって存知せざるなり。
そのゆえは、如来の御こころによしとおぼしめすほどに
しりとおしたらばこそ、
よきをしりたるにてもあらめ。
如来のあしとおぼしめすほどにしりとおしたらばこそ、
あしさをしりたるにてもあらめど〜

「私は善いも悪いも、どちらもまったく知りません。なぜなら、阿弥陀さまが善い、悪いと思われるほどに知り尽くしたのなら、善い、悪い、の判断ができると言えるのでしょう」

私たちは、あらゆる煩悩をことごとくもっている凡夫の身（自分の感情で判断してしまう）です。自分で善悪は決められないのです。

田口さんも、目が見えないことを悪いことだと決め付けませんでした。

これは善、これは悪と決め付けることで、私たちは自分で悩みをつくりだします。自分でこれは善か悪かと決め付けないことが大切なのです。

あきらめず、投げ出さずに、与えていただいた人生を尽くしていけばいいのです。

法友は、苦しみを抱え生きてきました。辛いことを投げ出すわけにはいかなかった。しかし、阿弥陀さまの慈悲の懐に包まれて、ここまで生きることができたのです。

問 人生、振り返ると後悔ばかり

これからが、これまでの人生を決めるのです

「愚痴の人生」で終わりますよ

先日、ある60代の女性と食事をした時のことです。

ワインを飲みながら、

「妙慶さん、私一度も幸せだと思ったことはないの」

とおっしゃったのです。

私は驚きました。誰もがうらやむ地位を築いた方です。結婚されて30年。連れ合いさんも実業家として活躍されています。子どもさんも独立してお孫さんもおられる。それなのに幸せだと感じたことがない？

理由を聞くと、

「ある日、田舎で暮らす妹の声を聞きたくなって電話をしたら『お姉ちゃん、電話ありがとう。今、夫が肉まんを買ってきてくれて、それを半分に分けて食べているところよ！』と明るい声を聞いた瞬間、涙が出て止まらなかったわ。私の家では、夫婦で何かを分け合うことはないの。わけもわからず、毎日泣いているのよ」

とおっしゃいました。

きっと彼女もその年齢になって、残りの人生で必要なのは、物でもない、財産でもない、地位でもない、人の温かさに触れることが何よりもうれしいことなんだと感じられたのでしょう。今までしっかり者として生きてきた。しかし、家族関係は冷えきっています。そのことに後悔の念と不安を抱いておられます。

彼女だけではありません。老いの入り口に立つと、さまざまな感情があふれることでしょう。

ところで、後悔を引きずったまま生きると、どうなるでしょうか？

私は、同じ年齢の会に入っています。それぞれに生まれた場所、仕事も違う。ただ同じ時代を生きたもの同士で語り合う会です。

この本を書かせていただくにあたり「人生後半に思うことは何か?」のアンケートをとってみました。

すると、ある人は「あの人に謝りたかった」。ある人は「子どもがほしかった」「本当は違う仕事を目指せばよかった」「あのとき、○○を諦めなければよかった」など、後悔の念が思い浮かぶ方が多かったのです。

私たちは年を重ねれば重ねるほど、経験も多くなります。山登りと同じで年齢の高い方から下を見れば、「あのとき、ばかげたことをしてたんだな」と思うはずです。

しかし、その時は必死で生きていたのです。後悔は誰でも出てきます。

ではこれからの人生は、そんな後悔を引きずって生きることになるのでしょうか?

諦めの境地に入るのでしょうか?

仏さまは「愚痴の人生」で終わりますよと教えてくれます。

〜「これまでが　これからを　決める」のではない。
「これからが　これまでを　決める」のだ〜

（僧侶　藤代聡麿）

普通ならば、「これまで生きた経験が、これからの私の人生を決める」と考えます。占いの本を見ても「これまでの努力が実を結びます」と書いていますね。これも理解できます。しかし、努力した人だけ、要領よく生きた人だけに与えられるご褒美でしょうか？

過去の出来事は必要なことだった

私たちは、努力したくてもできなかったことがあるのです。

嘘をつくつもりはなくても、嘘をついたこともあるでしょう。

私は、壊滅状態だった実家のお寺を復興したくて、いろいろなことをしましたが空振りに終わった時期がありました。結果を残せたこともあります。

結婚を夢見ておつきあいした方がいましたが、どうしても結婚する気にはなれませんでした。その後40代で結婚のご縁をいただきましたが、子どもには恵まれませんでした。では、早く結婚したら子どもに恵まれたのでしょうか？

あの時にあれをしていたら確実に幸せになれたのでしょうか？

私たちが苦しいのは「たら」「れば」という想像、想いの中で生きるからなのです。

「これからが、これまでを決める」。

「これからの生き方が、これまでの意味を決める」のです。

「これからが これまでを 決める」とは、失敗したことも、思い通りにいかなかったことも、その時に的確な判断ができなかったとしても、それは決して無駄ではなかったということなのです。

そして「これでよかった」と思えた瞬間、過去の出来事が自分には必要なことだったと、過去の人生に歴史と重みを見いだし、引き受けていけるようになるのです。

人を傷つけた、病気をした、離婚をした、親や子どもと疎遠になった、けんかをしてしまった。

しかし、すべて無駄ではなかったのです。

その時代、それらの出来事を引き受けてきた人生が、あなたのこれからの人生を深いものにするのです。

問

何のために生きているのか

こう生きると信念を持てば、開き直ることができます

「役に立つ」が基準とは？

ある聞法会でのこと。60代の男性Tさんが控え室に来られたのです。

「私は会社も退職し、暇な時間を過ごしています。子どもも独立し、妻とは共通した話題がなくなり生活もおもしろくない。外で若い女性とデートしたくても、会話のズレで相手にもしてもらえない。私という人間は、何もかも役に立たなくなりました。そんな人生、意味ないですよね」

とおっしゃったのです。

そこで私は、

「あなたは、『役立たない人間は終わりだ！』というように、今までずっと考えてきたので

しょうね」

とお伝えしたのです。

すると男性は、

「現役は役に立ちます。だから必死で仕事をしてきました」

と反発しました。

会社の役に立つために必死に生きてきた。しかし、結果は出してきても、人生の答えが見つからない。そして、いつかは死なないといけない。この問いは永遠のテーマです。

真宗大谷派の僧侶、宮城《みやぎ》顗《しずか》先生は、

「私たちが抱えている不安は、確かなものを求めている、うめき声なんです」

と言われました。

誰もが現役時代、必死に頑張ってきました。退職して競争社会から抜け出し、本当はほっとしているはずなのに、今の自分は自分ではないと思うTさん。心のどこかで「本当の自分を生きたい！」と訴えておられるのだと感じたものです。

だからこそ、老後の時間を「もう一度この私と向き合う」ために、仏法に出遇ってほしいと伝えました。

その場以外、生きる場所はない

誰にも評価されることのない生活の中にいると、「自分は何のために生きているのか？」という問いが生まれてくる方もいるでしょう。

どれほど真面目に生きていようが、どれほど努力を重ねようが、評価してくれる人がいなければ認められないむなしさの中を生きなければなりません。

この私もそうです。外では「妙慶さん！」と優しく声をかけていただいても、一歩家の中に入ると、家人から「口を動かす前に体を動かせ。何の取り柄もないやつや」と毎日のように言われています。家では川村妙慶は通用しないのです（苦笑）。

しかし、気持ちを前向きに切り替えられるのは、親鸞聖人のご苦労のことを考えたときです。親鸞聖人は弾圧を受けましたが、世の中を恨むことなく「世のならい」だとおっしゃったのです。

どんな人も煩悩を抱えた凡夫です。

一生懸命に生きても、自分の生き方が認められないこともあります。親鸞聖人は、その事実をそのまま受け入れ、流れをそのまま見たのです。

数年前、実家寺の住職である兄が大動脈瘤《だいどうみゃくりゅう》の大手術を受けました。主治医から「100パーセント成功するとは言えません。リスクも伴います」と宣告されました。そのリスクとは、下半身麻痺や声が出なくなるかもしれない、とのことでした。では手術を受けなければリスクの心配はないのかというと、そうではありません。いつ大動脈が破裂するかわかりません。手術が成功してもしなくても、何らかの不安はつきまといます。

大切なのは、この事実を受け止めて生きていくしかないということなのです。

「兄に何かあれば、私は北九州のお寺に帰らないといけないのか？」という不安はよぎりました。しかし、私はどこに行ったとしても僧侶として生きていくという信念を持てたとき、かえって開き直ることができたのです。

おかげさまで手術は無事成功し、現在、兄は法務に励んでいます。

どれだけ愚痴を吐いても、その場以外に自分の生きていく場所はありません。どうしようもないのです。自分を取り巻く事実としっかり向き合い、生きていくしかないのです。

むしろ逆境から生きるエネルギーをもらえるのです。

問
気力が湧かない しかし、もう後はないのですよ

このままで終わっていいのか

私の趣味の一つは、喫茶店へ行くことです。書斎で原稿を書いている時より、なぜか喫茶店でコーヒーをいただいている時の方が、ふと言葉が浮かんでくるものです。知人のミステリー作家さんも同じことを言っていました。「周りからもれてくる声の中に、ミステリーが浮かぶんだよな」と（笑）。

行きつけの喫茶店のマスターが、「妙慶さん、少しいいですか？」と声をかけてこられました。めったにご自分からは話しかけられないだけに（お客さんの居心地をいつも重視）、びっくりしたのです。

「私は今67歳です。この喫茶店を経営して、まもなく30年になります。経営も順調でありが

たいのですが、ふと自分の人生を振り返ったとき、『もうすぐ70歳。これでいいのかな？このままで終わっていいのかな？』と考えることがあるのです」と。

確かに毎日、同じことの繰り返しで、会社勤めと違い定年はありません。頑張った分、老後の蓄えはあるかもしれませんが、「このまま人生終わっていいのか？」という虚しさも生まれてきたのでしょう。

他人から見れば、「何の不満があるの？」と思うかもしれません。しかし、その身にならないとわからないことは多いのです。

自分の命を尊びましょう

ある方はおっしゃるでしょう。「もう一度、生まれ変わって人生をやりなおしたい」と。

しかし、どれだけ辛くても生まれ変わることはできないし、過去を変えることもできません。

辛くても、この現実を引き受けて生きていこうという智恵をくださるのが、親鸞聖人が伝えてこられた本願の教えです。

財産があるから安心。健康だから安泰。家族がみてくれるから老後は問題ない。しかし、それはあくまでも予定であり、決定づけるものではありません。業縁《ごうえん》（苦楽の結果を招く因縁）というきっかけがあれば、すべて吹っ飛んでいくのです。

そうではなく、親鸞聖人は、

「『こうでなければならない！』という思いはいったい何なのかを考えましょう」

と教えてくださいます。

～無明《むみょう》長夜《じょうや》の燈炬《とうこ》なり　智眼《ちげん》くらしとかなしむな～

『正像末和讃』

「いつ明けるか分からないほどの暗く長い夜の中であっても、私を照らす大きな灯《ともしび》がある。そうであるから、智恵がなく、愚かさを避けることのできない身であっても、その自分を悲しむことはない」

とおっしゃったのです。

老いて何の取り柄もないこの自分が生きていけるのはなぜなのか？　そのことを私たちに

教えてくださるメッセージです。

親鸞聖人がこの和讃を書かれたのは、83歳から86歳にかけてと推測されます。老いを感じながら生きておられたことでしょう。今のように老眼鏡もありません。それでも精力的に著作や手紙を書き続けていきました。

親鸞聖人をそこまで促したものは何だったのでしょうか。

私たちは、誰からも相手にされず罵倒されると、「こんな私は生きていても意味がない」とうなだれます。「私のような者は駄目だ」と嘆きます。

しかし、駄目じゃないかという意識は、「本当は良い者になりたい」という意識の裏返しなのです。そこには「自分を誇りたい傲慢さ」が潜んでいるのです。

親鸞聖人が「智眼くらしとかなしむな」とおっしゃったのは、どんな人も「いい者にはなれない」ということなのです。

「私は罪が深い」と嘆くのは、「罪を消して、きれいな者になって救われたい」ということの裏返しなのです。親鸞聖人は、「そんなことは嘆くことではありませんよ」とお教えくださいます。

むしろ、「迷惑をかけて生きてきたのだ。多くのご縁によって支えていただいて生きてきたのだ」と立ち返ることが大事なのです。

それが、念仏しながら生きるということなのです。

人は人生の矛盾を知らされたとき、他人の悲しみにも目を向けることができます。それぞれ与えられた宿業を、命のある限り生きていける道を見つけたとき、堂々と慶んで生きていけるのです。

これから老いていく中で、どれほど過酷な現実が待っていても、また絶望的な状況を生きるしかなくても、「あなたは尊い」のです。

ただただ、自分の命を尊びましょう。

あなたの人生を大切に生きていきましょう。

もし今日が人生最後の日なら？

これは有名な話ですが、アップル社創業者の一人、スティーブ・ジョブズ氏は毎朝鏡の前に立ち、そこに映る自分にこう問いかけました。

「もし今日が人生最後の日であるとするのならば、おまえが今日これからやろうとしている予定は、本当にやりたいことなのか？」

と。この問いかけを自分にすることで、本当に重要な「しなければならないこと」を選択していたのです。

ジョブズ氏が、余命を知ったうえで自身に問いかけていた言葉かどうかはわかりません。でも今、この本を読んでおられるあなたも、そしてこの私も、生まれたときから死を宣告されているみたいなものなのです。

あと何年生きられるでしょうか。カウントダウンは始まっています。

もう後はないのですよ。

親鸞聖人が9歳で得度《とくど》（僧侶になるための儀式）された当時、京の都は餓死者の死体で埋め尽くされていました。このとき親鸞聖人も、自分の死を意識されたのではないでしょうか。29歳まで比叡山で悩んだのも生死の問題でした。

しかし、どうしても悩みから抜け出せません。その後、法然上人《ほうねんしょうにん》に言われた、

「ただ念仏して弥陀《みだ》にたすけられまいらすべし」

の言葉がきっかけとなり、心の闇から解放されたのです。

「ごまかして生きるのでもない。頑張って努力して乗り越えるものでもない。あとは阿弥陀さまの他力の願いの中で、安心して生きていくことなのだ。縁がととのえば、死ぬときは死ぬ」と思えたのです。

あまりにもシンプルな法然上人のこの一言は、今まで親鸞聖人が長年求めていた問いの答えでした。

〜「人生一生、酒一升　あると思えばもう空か」味わい尽くせば後悔はない〜

川村妙慶『人生が変わる親鸞のことば』（講談社）

友人と酒を酌み交わしたときに、「まだまだあると思った酒も、いつか底をつくな」と言うのを聞いたとき、人生も同じだなと感じたものです。

自分に与えられた命は、あとどれくらいあるのか、自分ではわかりません。

ロウソクだって、あとどれくらいの蠟《ろう》を残して自分が燃えているか気がつけないように、一人ひとりの寿命はわからないのです。

問 できない自分を引き受けて「凡夫の身」として生きる覚悟を

活き活きしている同年代がねたましい

「同じ」から生まれる劣等感

人間がもっとも落ち込むのは、「同」というものに出会った時です。「同じ」というと、本来ホッとするものを感じるのですが、「自分」を受け入れることができていないと、寂しさを感じることがあるのです。

みなさんは「同窓会」に行きますか？　小学校や中学校の同窓会は、年齢、生まれた地域がほぼ同じですよね。何十年ぶりに再会した幼友達が成功し、幸せそうに生きている姿を見れば、「自分は今まで何をしていたのか？」と思いたくもなるでしょう。

外見もそうですね。中年太りせず若く活き活きしているフェロモン全開の同級生を見ると、「私はこのまま老け込んで終わってしまうのだろうか？」と焦りが出てしまう。

スタートは一緒だったのに、なぜこんなに差ができてしまったのか? そう思うと虚しくなるのです。

「同業者」もそうです。同じ業種で生きている。しかし、あの人は売り上げを伸ばしているのに、私は……と悩む。「私とあの人はどう違うの?」と落ち込む。異業種であればそこまで悩まないのに、同業者ということで過剰に意識してしまいます。

成功した同業者には「あいつ、うまいことやりよった」とねたみ、失敗した同業者には「あんなふうにはならないぞ」と自負する。この気持ちがある限り、心は豊かにはなれません。

このままでは終われない

青年期の親鸞聖人は、さまざまな問題を抱えていました。

どう生きたらいいのかがわからなかったのです。比叡山で自力修行に励みますが、悟りを開くことはできません。それどころか煩悩はますます燃え盛ります。どれだけ修行を積んでも、心は満たされないのです。「このまま終わりたくない」と思ったのではないでしょうか。どうしたらいいのか悩みながら、訪ね歩くのです。そして29歳のとき、それまで20年間修行してきた比叡山から離れ、聖徳太子が建立したと伝えられる六角堂で、百日間の参籠《さんろう》（寺院にある期間こもること）を志されました。

「煩悩におぼれ、それを克服できない弱き私はどうすればよいのでしょう。このような私でも、生きる意味、生きる勇気が欲しいのです」

その思いで、来る日も来る日も参籠を続けます。

そして95日目の暁、親鸞聖人は夢の中に救世観音菩薩《ぐぜかんのんぼさつ》の声を聞くのです。

行者宿報設女犯　我成玉女身被犯
一生之間能荘厳　臨終引導生極楽

「志を持つ者よ、人であるが故に戒を破らざるをえない生活の中に仏道を開くのです。私があなたの妻となりましょう。そして、生涯あなたに寄り添い、必ずや極楽浄土へ導く救いの力となりましょう」

親鸞聖人はこう思いました。

「仏道は身分の高い、賢者だけに与えられる道だと思っていた。しかし、私のような弱い者、修行を達成できない者にも歩める仏道はあるのだとお示しくださったのだ」と、今まで考えもつかなかった衝撃を受けたのでしょう。

その後出遇った、京都吉水《よしみず》の法然上人からは、こう言われます。「ただ念仏して阿弥陀仏に助けられなさい」と。まさしくこれが仏からの呼びかけであったと、いただかれたのです。

〜雑行《ぞうぎょう》を棄てて本願に帰す〜　『教行信証』

これは、「自分を強くすることを目的とした努力をすべてやめ、本願に生かされている自分に目覚めることができた」ということです。

比叡山では、賢者になって悟りを開くという教えでした。しかし、すべての人が完璧に清く正しくたくましく生きることができるでしょうか？　できない人は救われないのでしょうか？

法然上人は「浄土の教えを学ぶ人は、自分は最後まで『愚かな身』としてしか生きられないことに目覚めよ」とおっしゃったのです。これは諦めではなく、明らかになったということなのです。

自分はできるというプライドだけが高くなると、自分の弱さを隠すことになります。

本当に強い人は、自分の弱さもしっかり見せられる人です。できる自分、できない自分を引き受けて「凡夫の身」として生きる覚悟が、我が身を明るくしてくれるのです。

「自分の人生はこれで終わりなのか？」

そう思うあなたには、救われる要素があるのです。このままでは終わりたくないという心の叫びが湧き起こったのです。

闇を見る勇気

私がはじめて親鸞聖人の教えを受けたのは、京都にある大谷専修学院でした。

私は皆に好かれたいという思いで仲間と接していました。すると担任の先生が私をじっと見つめ、

「おまえはそんなにニコニコしなければならないほど、過去が暗いのか？」

と聞きます。今まで言われたことのない問いかけに、私は衝撃を受けました。

さらに先生は、

「おまえは明るい自分を見せようとしているが、その裏には大きな闇を抱えているんや。本当は、こんな学校には来たくなかったんだろう？　本当はアナウンサーになりたかったんだろう？　親や兄の犠牲になったという怒りもあるのだろう？　なぜ自分の闇を隠そうとするんや。そんな闇を親鸞聖人は大切にしろと教えてくれるんやぞ」

この言葉を聞いて、格好つける必要はないんだと思えたのです。

「このままでは終わりたくない」と叫ぶ我が身を見ていきませんか。

むしろ「これが私です。阿弥陀さま、後はよろしくお願いします」と言えたとき、あなたの人生は明るく輝くのです。凡夫のまま生きたらいいのです。

問

老後の生活費が心配

満足できる世界が見つかれば、お金に振り回されません

お金の不安に縛られないために

先日、新幹線で、60代くらいの素敵な女性と隣り合わせになりました。バッグの中から手作りらしきおにぎりを取り出し、お茶を飲みながら仕事の資料を見ています。

「倹約家なのかな?」と思ったのですが、雑誌を読んで最新の情報を得ておられます。窓の外の富士山を見たことがきっかけで会話がはずみました。

彼女は金融関係の仕事で、財テクについての講演をされているそうです。

私の顔を見ながら「ちゃんとお金を上手に増やしている?」とおっしゃいました。

バブルの時代は、利息も高く貯蓄している人は少しずつ財産を増やしていましたが、私は

その頃、まだ10代です。お金もありません。企業に勤めた経験もないので何も保証されていません。20代から30代はタレント事務所に所属し、与えられた仕事をこなす日々でした。

公務員の母親からすれば、「その場しのぎの仕事」にしか見えません。父が亡くなった後の実家のお寺では、兄が引きこもりになり「将来このお寺はどうなるのか?」という不安の中で生きてきました。

月に一度、母は私をお内仏の前に呼びます。給料袋を見せて、仏さまの前で数えさせるのです。給料をいただくお金の重みを今のうちから知りなさいということだったのでしょう。今でこそ銀行振り込みの時代になりましたが、数字で見るお金ではなく、現金を見ながら、お金に頭を下げるということは今でもしています。

みなさんは今、どれくらいの貯金がありますか? 今まで子どもの教育などであまり貯金することができず、老後の生活費を年金だけでやりくりする方もおられるでしょう。医療費にお金がかかる方もおられます。

老後、何が一番の不安かと問われると、それは、生活費ではないでしょうか。

確かに、ある程度のお金は必要ですが、あまりにもそのことばかり気にしていると、不安はふくらむばかりです。

そこで、「お金の不安に縛られない４つのこと」をお伝えします。

1、人と比べない。
2、工夫する喜びを見いだす。
3、相手の金銭感覚に無理して合わせない。
4、体力や健康を維持する。

蓄えがない人は、老後生活は困難なのでしょうか？

私の友人は、経済的な理由から、病気の夫と共に、東京から物価の安い京都の山村に引っ越したのです。物件を探していたところ、家賃３万円、空き地も好きに使っていいという条件のものが見つかりました。

彼女は夫の世話をしながら、何か仕事はないかと近所のみなさんに情報を聞いて歩きました。すると、村の人たちから「ここらへんにおいしい野菜料理が食べられて、ゆっくり休憩できる場があればいいいんやけどな」という声をいただきました。

彼女はこの言葉にひらめき、料理教室へ通い、野菜料理を勉強。すると建築の仕事をしていたという地元の年配の方が、材料費だけで店を作ってくださったのです。

今では薬草風呂にも入れる料理屋を経営し、夫は受付に座っています。

工夫もしながら後半の人生が豊かになった！　と今では生き生きしています。

身の置き場を考えませんか

あるカルチャーセンターの「妙慶の心の講座」に、見るからに裕福そうな初老の女性が来られました。しかし外見は華やかでも、眉間にシワが深く刻まれ、いかにもつまらなそうなのです。講座が終わると、彼女は声をかけてこられました。

「何年も前に夫を亡くし、億単位の生命保険金が入ってきました。退屈なので一人で海外旅行をしています。ブランド物の靴やバッグを買って、いざ帰国しても、そのバッグと共に楽しむ場所が見いだせないのです。教養を高めたくて、妙慶さんの講座に来ました。よければホテルで食事でもいかがですか？」

美味しいものがいただけると気持ちはぐらつきましたが（笑）、私は僧侶の立場でお話ししました。

「あなたの身の置き場を考えませんか」

しかし、彼女は、キョトンとした表情です。

私はさらに続けました。

「本当に満足していく世界が見つかれば、あなたの身の置き場所も見つかります。あなたは、今だけ良ければ、私だけ良ければ、ということを考えていませんか？　自分のことしか考えられない世界は、あなたの人生を狭くしているのですよ。今、自分ができることは何なのか？　貢献できることはないのか？　もっと社会に目を向けてください。それが手応えある身を生きるということなのです」

静かに聞いていた彼女の目から、涙があふれました。

お金や物を追い求めたために、肝心な「私の心」は空だった。それはむなしい人生です。

自分のためだけにお金を使う人は、やがて他人との関係性が切れ、最終的には独りになる。そういう人を多く見てきました。

「自利利他円満《じりりたえんまん》」という教えがあります。自分と他者との関係がつながってこそ、私たちはエネルギーをいただくことができる、ということです。

群馬県桐生市に田村はつゑさんという５００円バイキングの食堂を営む女性がいます。80代でもお元気で、地元の人気者です。

田村さんは子育てを終えた50代後半のときに、原付バイクで日本一周の旅に出ました。そのとき多くの人にお世話になり、その経験から、「たとえ赤字になってもみんなにお腹いっぱい食べてもらいたい」と恩返しの気持ちで仕事をしているそうです。テレビ番組でお見かけした田村さんは、人生に満足されているようでした。

自利利他円満とは、この田村さんのように、自分一人だけが救われることを喜ぶのではなく、周りの人とも共に喜びあえる、ということです。それが自利から利他です。

つまり、自分の利益（自利）になることだけを求めるのではなく、他の人々に利益を与え（利他）てこそ、自利利他の円満ということなのですね。

お金や物ではない、何か別のものに心が満たされたとき、生きる喜びを感じて生きていけるでしょう。

お金に振り回されない豊かな心が今こそ必要です。

第４章　死にまつわる不安について

問 家族がいてもいなくても、身ひとつで浄土へ還る心構えで

独り身の私はお墓をどうすべきか?

葬式やお墓に心血を注がない

いま先祖代々受け継がれてきたお墓を更地に戻す、「墓じまい」が急増しているそうです。お骨を他の墓地に移転、あるいは永代供養墓地に改葬するようです。電話一本で墓じまいを代行する会社が現れ、利用者も増えていると聞きます。

配偶者がいない、または家族と疎遠という方の中には、自分が死ぬとき、お墓はどうすべきか悩んでいる方が多いようです。

先日あるご門徒と、こんな話をさせていただきました。

「妙慶さん! 私は独り身なので、お墓を買う予定はありません。友人にそのことを話すと、『儚《はかな》い人生やな!』と言われました。本当にそうなのですか?」と。

ご友人は、「墓がない＝はかない、儚い」とダジャレを持ってこられたのですね（苦笑）。

私は、

「お墓にこだわる必要はありませんよ」

とお伝えしました。

お墓に強くこだわる方は、「入るべき墓がないと、安心して死ねない」「参ってくれる人がいないと、私はあの世をさまようことになる」とおっしゃいます。

浄土真宗のお寺にはほとんど墓地はありません。

私が暮らす京都では、大谷祖廟《おおたにそびょう》と東本願寺に納骨しておられる方が圧倒的に多いようです。もしお墓の不安があるなら、須弥壇《しゅみだん》（仏像を安置する台座）納骨といって、阿弥陀さまの安置されている壇の下に納骨する方法もあります。

そもそも、お墓は何のためにあるのでしょうか？　ご先祖にお供えをして、ご利益《りやく》をいただこうとする場所でしょうか？　それともただのお骨の置き場でしょうか？　お墓は、「入る」「入らない」の次元ではないのです。

お骨という形で生きた証明はお墓の中に残りますが、お墓の中で生き続けるわけではありません。私たちは、みな平等に必ずお浄土へと還《かえ》らせていただけるのです。

浄土真宗の家の墓石の正面には、家名でなく「南無阿弥陀仏」または「倶会一処《くえいっしょ》」と刻んであるのをご存じですか？「倶会一処」とは倶《とも》、一つの処《ところ》（極楽浄土）で、いつか会うという意味があります。それは、亡き人と今を生きる私たちが、いつかまた出会い直すことを意味しています。「阿弥陀さまの世界で、必ず倶に会えます」ということです。

「お墓の中で再び出会いましょう」とは一言も言っていません。だから、一人で入るのは寂しいというものではないのです。

お墓に関する悩みは増加しています。私の立場では「お墓はいらない」とは言えませんが、お墓はいらないと考えることで、老後の不安の半分は消えるのではないでしょうか。

浄土真宗のお寺に墓地が少ない理由は、親鸞聖人のお言葉を受け継いでいるからでしょう。

〜某《それがし》（親鸞）閉眼《へいがん》せば、賀茂河《かもがわ》にいれて魚《うお》に与うべし〜

『改邪鈔《がいじゃしょう》』

「自分が死んだら鴨川に捨てて、魚に食べてもらってください」

親鸞聖人は、どうしてこのような度肝を抜くようなことをおっしゃったのでしょう。

「今日まで私が生きてこられたのは、多くの命を犠牲にしてきたから。恩返しをしたい」

という理由があったのです。

この身はご縁によって、たまたまこういう形になっているだけだということ。そして死んでしまえば、私の身は消えて無くなってしまう。

亡くなった後、何百人の人に見送ってもらおうが、たった一人で亡くなろうが、びくともしない。そんな姿勢をお持ちだったのです。

つまり、葬式やお墓に心血を注ぐより、この身ひとつで浄土へ還る心構えでよいのだ、それがこの世に恩を返すことである、と教えられたのです。

要するに、死は特別なことではないということでもあります。

私たちは「縁起の世界」に生きているのです。縁起の世界とは、条件次第ではどうにでもなるという世界です。

たまたま今生きる条件がそろっているから生きているのであって、その条件が無くなれば、いつ死んでもおかしくないのです。


生前、立派なお墓を建て、予定どおりたくさんの人に見送られ、そこに入ったとしても、永遠にお墓参りをしてくれる人が続くとも限りません。

なぜなら、あなたも祖父母までは覚えていても、曾祖父母より前の先祖は知らないのではないでしょうか？　そんなものです。


入るべきお墓があろうがなかろうが、お墓が立派だろうが貧相だろうが、参ってくれる人がいようがいまいが、そんなことは関係なく、私たちの人生は平等に儚いのです。

たとえどうなっても身ひとつで、阿弥陀さまがお浄土に導いてくださることを信じ、安心して生きていきましょう。

問

夫と同じお墓に入りたくない

生きている時間を使って、死後のことを悩まない

死後のことより今のこと

先日、60代の女性から、お墓の問題について相談を受けました。現在、夫と二人暮らし。大病を患い、死を身近に感じたそうです。

離れて暮らす一人娘さんから、「お母さん、心のよりどころとして、生前にお墓の準備は必要よ！」と切望され、１４０万円もの大金をはたいてお墓を購入しました。

しかし、完成したお墓を見てふと、「いま目の前にいる、この夫と同じ墓に入るのはごめんだ」と気づいたそうです。

彼女は長年、連れ合いさんから理不尽な目にあってきたそうです。お墓の中までつきあいたくないというのは心からの本音なのでしょう。

夫（妻）と一緒の墓に入りたくないという相談は増えています。これからはもっと増えるのではないでしょうか？

ところで、なぜ人は自分が入るお墓のことが、そんなに気になるのでしょうか？　死後は自分の意思ではコントロールできないのですよ。しかし、私たちは「自分の思い」をめぐらせ、死んだ後のことをあれこれ考え、思い悩んでいるのです。

親鸞聖人はおっしゃいました。

〜煩悩具足《ぼんのうぐそく》の凡夫《ぼんぶ》、火宅《かたく》無常の世界は、よろずのこととみなもって、そらごとたわごとまことあることとなきに〜

『歎異抄』

「この無常の世間には、空言《そらごと》や戯言《たわごと》ばかりでありまして、真実ということはありません」

空言戯言を深刻に考え、せっかく今生きている時間を使って悩み苦しんでいるのが私たちなのです。

この世では、お互いの思いを通そうと憎しみ合ったり争ったりします。しかし、私たちが還《かえ》る世界は皆一つ。浄土（共に出遇える一つの世界）なのです。

争いを水に流すと書いて「浄」。同じ大地でつながっていくという世界が「浄土」なのです。

「夫と同じお墓には入りたくない」と悩んでいた彼女も、今を生きることなく、空言戯言の世界にどっぷりつかっています。

しかし、病気を「機縁」に、お墓のこと、夫のこと、そして自分の人生を考えるようになりました。これを「逆縁」と言います。縁には、「良縁」と「逆縁」があります。

「良縁」は、天気になったとか、縁談がまとまったとか、うれしいことがあったという縁です。

「逆縁」は、病や天災など、自分の人生に逆らうような出来事と遭遇するということです。誰もが出遇いたくない縁でもあります。

しかし、「逆縁」のような辛いことが、この彼女のように、人生を考えるきっかけになることもあるのです。この「逆縁」を活かし、どうかお墓に入った後の心配をするよりも、連れ合いさんとの生活の中に、楽しさを見つけてください。

今を一生懸命に生きましょう。そして、後のことやこの身は阿弥陀さまにおまかせしましょう。

川の水は海で一つの味になる

死ぬときは、涅槃《ねはん》の世界をいただきます。ちょうど、ロウソクの灯りが消えるように、今までメラメラと燃え上がった感情がすっと消えて、阿弥陀さまの世界へと往かせていただくのです。これを「往生浄土《おうじょうじょうど》」(死後に仏の浄土に生まれかわること)と言います。

『正信偈《しょうしんげ》』(真宗の要義大綱を七言60行120句の偈文《げもん》にまとめたもの)に、

凡　聖　逆　謗　斉　回　入
如　衆　水　入　海　一　味

というお言葉があります。

凡聖《ぼんしょう》、逆謗《ぎゃくほう》、斉《ひと》しく回入《えにゅう》すれば、衆水《しゅうすい》、海に入りて一味なるが如し。

「凡聖」の「凡」は、煩悩にまみれて迷っている私たち、「凡夫」のことです。「聖」は煩悩をなくして清らかになられた「聖者」のことです。煩悩に支配され続けてイライラして生きていくのか？　煩悩から解放されて生きていける「聖」になるのか？　大きな違いがあるのです。

また「逆謗」というのは、「五逆《ごぎゃく》」という重い罪を犯した人、「謗法《ほうぼう》」と言って、「仏法なんか何の意味もない」と、教えを謗《そし》る人です。

親鸞聖人は、煩悩にまみれ続けている凡夫であろうと、煩悩を滅し尽くした清らかな聖者であろうと、また、たとえ五逆というような重い罪を犯した人であろうと、さらには、仏法を謗るような人であろうと、いずれも自分の力では「涅槃」の境地にいたることはできないとおっしゃいました。

それはちょうど、どこからか流れてきた川の水が海に注ぎ込めば、みな同じ塩味になるようなものだと教えてくださいます。

この川の水は、私たち人間をたとえています。

水は、どこから流れ出てくるのか？　それぞれ水源の違いがありますね。また途中でどのような所を流れ下ってくるのか、そのたどってくる場所や状況は違います。

しかし、親鸞聖人は、出発や経過がどうであれ、海に入れば同じ海水になるとおっしゃったのです。

私たちは、一人ひとり違う人生を生きています。

「これで良かった」と思える人もいれば、「もう一度、人生をやり直したい」と不満を持っている方もおられるでしょう。

また、これまでに生きてきた人生の経過や経歴もさまざまです。

しかし、どのような経歴であろうと、阿弥陀さまの懐に入ると、何の違いも区別もないと教えられているのです。

あとは、「私たちがどう生きるのか?」ということになるのです。

阿弥陀さまの呼びかけに背を向けたまま、煩悩のまま突き進むのか? そうではなく、この私も阿弥陀さまに願われて生きていることを喜ぶのかでは、大きな違いがあるのです。

問

もう一度、出会い直せる時間をいただいているのです

病気の家族とどう向き合えばいいのか？

私たちは独り来て、独り去る者

「いつまでこの人と生きていけるのか？」

年齢を重ねるほどに感じることでしょう。伴侶や親・子どもが病気になり、どう関わっていいのかわからない。そんな不安の中を生きている方がおられます。

『仏説《ぶっせつ》無《む》量寿経《りょうじゅきょう》』というお経に、人の姿を「在《ざい》世《せ》間《けん》愛《あい》欲《よく》之《し》中《じゅ》独《どく》生《しょう》独《どく》死《し》独《どっ》去《こ》独《どく》来《らい》」とお示しになっているお言葉があります。

「人は世間の情にとらわれて生活しているが、私たちは独り生まれ、独り死に、独り来て、独り去る者なのです」

とお釈迦さまはお説きくださいました。どれほど愛していても、一緒にいたくても、いず

れ人はいなくなるのです。

さらに「身自当之無有代者《しんじとうしむうだいしゃ》」ともおっしゃっています。

「誰一人、あなたに代わってくれる人はいないのですよ！」

という厳しいメッセージを届けてくださったのです。

どれほど愛していても、病気を代わってやることはできません。いくらお金を積んでも、私たちの生死の問題はどうにもならないことがあるのです。

私たちは、独り来て、独り去る者なのです。

「私の人生は誰にも代わってもらうことはかなわず、さらには孤独な人生を寂しさでしか終われないのか？」と落ち込む方もおられるでしょう。

私が真宗の教えに出遇った学校は、京都の大谷専修学院でした。夏休みに帰省した私に、母は「学院は何を教えてくれるのか？」と聞きました。

私が「共に生きる」ということを学んでいると伝えると母は、「では私が死んだら、一緒に棺桶に入ってくれるんやね」と突っ込んだのです。

「共に」というのは、もちろんそういうことではありません。一緒に時間を過ごしても、同じ釜の飯を食べても、一緒の味わいというのはありません。味覚も違うし、見る景色も感覚も違うのです。「共」という文字の語源は、あるお供えものを、二人が同時に抱えているということを表現した字で、今、生きている喜びを共に「分かち合う」ということです。いつもべったり一緒という意味ではないのです。

家族が余命の宣告を受けたら、どんな顔をして向き合ったらいいのでしょうか？　それは「同情しない」ということです。

「大変やね」という目で見られることほど辛いことはありません。そうではなく「今、あなたとこうして会えた」と喜びを分かち合い、気持ちを伝えましょう。

死が近づくことは、散っていくだけではありません。もう一度、出会い直せる時間をいただいたのです。

再び会わせていただける。そのことを思うとき、あなたと家族との「いのち」は、つながっていることが知らされるのです。南無阿弥陀仏の中で生きていきましょう。

年寄り笑うな、行く道じゃ

今まさに、親の介護をされていたり、闘病中のご家族を見守っていたり、出口の見えない長いトンネルの中におられる方もいるでしょう。

「いつまで続くのかな……」と心の中で叫びたくなるでしょう。しかし、誰も好んで病気になったり、介護が必要な状態になる人なんていません。

真宗の教えを聞いてこられた妙好人《みょうこうにん》（浄土真宗の篤信者を指す語）のお言葉です。

子供しかるな　来た道じゃ
年寄り笑うな　行く道じゃ
来た道行く道　二人旅
これから通る　今日の道
通り直しのできぬ道

介護する側と介護してもらう側の関係になると、介護する側が上の立場になって見てしまいがちです。しかし、決してそんなことはないのです。

あなたもこの世に生まれた日から目の前の人にお世話になってきたのです。そしてこれからも誰かのお世話になるのです。

問

死の悲しみから立ち直れない

人生は苦であり、思い通りにならないのが人生です

苦しみの根本は自己中心

人は誰でも、大切な人たちとの別れを経験します。いつかはこうなるとわかっていても、今まで苦楽を共にしてきた大切な人がいなくなるのは辛いものです。

『口伝鈔《くでんしょう》』という聖教の中に、

～人間の八苦《はっく》のなかに、さきにいうところの愛別離苦《あいべつりく》、これもっとも切なり～

という言葉があります。仏教では、人生には避けることのできない苦しみがあると教えています。それが生《しょう》・老・病・死の「四苦《しく》」です。

さらには、愛するものと別れなければならない「愛別離苦」、怨み憎むものとも会わねばならない「怨憎会苦《おんぞうえく》」、求めても得られない「求不得苦《ぐふとっく》」、健康であればあったで悩む色・受・想・行・識から起こる「五蘊盛苦《ごうんじょうく》」、これらを合わせて「八苦」と言います。

この中でも、「愛別離苦」ほど痛切な苦しみはありません。

私の従姉は60歳のとき、がんでお浄土へ還《かえ》りました。

いつも従姉にべったりだった連れ合いさんは、まさかこんなに早く妻が亡くなるとは思わなかったのでしょう。

従姉を追いかけるように自死してしまいました。愛妻と死別した悲しみに耐えられなかったのです。

「いつまでもこの幸せが続く」という幻想を持って生きていたのかもしれません。

私たちは、「自分に限って」「家族に限って」ずっと生きていけるという思い込みがどこかにあります。死を恐れながらも見て見ぬふりをして、生に執着しながら生きていたのでしょう。

お釈迦さまは、

「愛別離苦の苦しみは、自分の愛する人には、自分の思い通りにいつまでも生きていてほしいという、私たちの自己中心の思いが原因」

とおっしゃいました。

「人生は苦であり、思い通りにならないのが人生なのだ」と教えてくださったのです。

悲しみから立ち直る段階

やがて大切な人との別れの日がきて、悲しみ、苦しみ、寂しさが襲いかかり、受け入れられずにいたとしたら？　立ち直るまでには、次の４つの段階があると言われています。

１、ショック期

愛する人との突然の別れ。しばらくは茫然《ぼうぜん》として、無感覚の状態になります。現実感を喪失した状態なのです。大きなショックであるため、はっきりした反応が現れないのです。

2、喪失期

死を現実に十分に受け止められない段階です。号泣や怒り、自分を責める日々が続きます。このときは泣いて泣いて泣き続けてください。「泣く」という字は「水」に「立」つと書きます。自分が立ち上がれる大きなきっかけとなるのです。

3、閉じこもり期

どれだけ叫んでもあの人はいません。少しずつ死を受け止める時期です。しかし誰とも会いたくない、閉じこもる時期です。この時間が必要なのです。

4、再生期

どうしたらいいのかと求めるようになります。それが仏の教えをいただくきっかけになるのです。そのことにより、仏様の存在を感じ、悲しみを引き受けて、一歩踏み出して生きていけるのです。

問

余命とどう向き合えばいいのか？

「天命に安んじて人事を尽くす」今やるべきことをやるのみです

私たちの命は、春の雪

あるとき、法友のご家族から、連絡がありました。

「夫が入院しました。妙慶さん、見舞いにきていただけませんか？」

見舞いに伺うと、やせ細った法友の姿に、私は言葉も出ませんでした。

でも、法友は、

「妙慶さん！　退院したら僕も積極的に親鸞聖人のお念仏を伝えていくからね」

と、目を輝かせて語るのです。

病院を出るとき、連れ合いさんに病状を聞きました。すると泣きながら、「夫は、余命３カ月です。でも復帰を楽しみにしている夫には、どうしても事実を言えないのです」とおっしゃいました。

私は悩みに悩み、後日、学生時代に師からいただいた、ある言葉が書かれた色紙を病室に持っていきました。

〜さりながら　人の世はみな　春の雪〜

それを見た法友は、

「ああ、そうか！　私には時間がないんだ！　家族は私に笑顔を見せることで精一杯だったのだ。妙慶さん！　間に合って良かった。伝えてくれて、ありがとう」

と涙を流しながら合掌されました。

「春の雪」は、冬の雪と違って地面に落ちてしまうと積もることなく、淡く一瞬のうちに消えてしまいます。つまり、命あるものは必ず姿を消すという無常を教えてくれる雪なのです。

しかしながら、この言葉には、

「あなただけではないよ！　あなたを見送る私も、春の雪のような命です」

という意味が込められているのです。

「真実」を伝える余命の告知は辛いものです。「真」を伝えることは、同時に、お互い死別の苦しみと悲しみが襲いかかってきます。そこで、寄り添うことができなければ「実」とは言えません。

親鸞聖人も「真実に生きよ！」と投げかけておられます。

人間はいつか死ななければならない。しかし理屈ではわかっていても、その事実を受けてから気持ちを切り替えるには長い時間もかかるのです。事実は変えられないのに、変えたいと思う人を「凡夫」といいます。凡夫である自分の愚痴にいつまでも寄り添いながら「実」を生きる。このことを味わい、残された時間を大切に生きていきませんか。

〜苦から逃げれば、苦は追うてくる。楽を追えば、楽は逃げて行く〜

という言葉を師から学びました。

辛くても、どうか今この時を大切に生きていきましょう。

天命に安んじて人事を尽くす

私の知人Fさんも58歳でがんを患い、余命半年の宣告を受けました。

Fさんには妻、18歳の子どももいます。家族を守ってあげられない悔しさに、運命を恨み、絶望のどん底に陥りました。

心の在り方はどうしたらいいのか？　悩みに悩み、お寺の住職に相談しました。すると住職は、親鸞聖人の教えにふれられたそうです。

「生きていると、思い通りにならないことに遭遇します。なぜこうなったのかと責めても、どうにもならないことはあるのです。すべては縁によって成り立っているのだから、縁のままに自分を尽くして生きていきませんか」と。

その言葉を聞いても、余命宣告を受けているFさんは、「なぜ自分だけが悪運を背負わなければならないのか？」という怒りが、どうしても収まらなかったそうです。

しかし、どれほど怒ってもどうにもならないのです。

病気に遭うときは遭うのです。人によって体質も違うし、ストレスのかかり方も違います。私と兄は、両親が一緒、育った環境も一緒であっても、全く性格が違います。両親はお浄土に還りました。両親を失った悲しみは兄妹ともに同じです。

しかし、その悲しみのストレスのかかり方は違いました。兄の場合、父親が亡くなり、若くして住職の役目を引き継がなくてはならない重圧で、引きこもりになりました。ご門徒もいなくなりました。母にとって兄の引きこもりは深い闇として残ったのです。

その後、さまざまな状況を乗り越え、兄は住職になりました。その姿を見て、母は亡くなったのです。兄にしてみたら、「これから親孝行したかった」という思いはあったでしょう。母が亡くなった直後、兄は大病を患いました。ストレスが免疫を下げるとは聞きますが、本当にそうなんだなと感じたのです。

しかし、私の場合は同じ環境にいながら、ストレスのかかり方は違いました。住職ではない解放感が大きいのですが、まず「親孝行できた」というそれなりの達成感があったのです。

なぜ達成感があったかというと、私なりに真剣に親と向き合ったと思っているからです。

お寺の復興に向けて動くだけ動きました。ですから後悔はありません。

「天命に安んじて人事を尽くす」ことに徹しました。

これはどういうことでしょうか。


余命宣告されたFさんはその後、親鸞聖人の教えに出遇うと同時に、その教えの中で生きているさまざまな人との出遇いがあり、自分を変えてくれたとおっしゃいます。

つまり「病のままでも自分らしく生きる道がある」ということに気付けたのです。

その中で感動したのが、清沢満之師の「天命に安んじて人事を尽くす」という言葉だそうです。


今までは私たちは、「人事を尽くして天命を待つ」と教えられ努力してきました。やるだけやって、後の結果は天命に任せるという考えが普通でした。そうは言っても、私たちはどうしてもいい結果を期待してしまいます。しかし、やるだけやっても、必ずしも成功するとは限らず、失敗すればやはり落ち込んでしまうことになるのです。

そこで、親鸞聖人の教えに出遇った清沢満之師は、「天命に安んじて人事を尽くす」という生き方に転ぜられていったのです。むしろ、はじめから運命に抗わず、今やるべきことをやるということです。

Fさんは、死にかけた自分を無理に奮い立たせ戦うのをやめて、「これがかけがえのない自分自身なのだ」とすべてを受け入れた中で、「今できることをさせていただこう」という気持ちに変わったと言います。

つまり苦しみ、悩みを無くそうとするのではなく、堂々と苦しみ悩んでいく道がいただける居場所を与えられたとき、Fさんの心は明るくなったそうです。

それからは不思議なことに、一年以上たった今でもFさんはお元気です。がんを克服できたと自分を誇るのではなく、病気をきっかけに「いのち」に向き合えたことを喜んでいます。

しかし、親鸞聖人は、「健康で長生きすることが、最高の人生ではない」と教えてくださいます。人間は愚かな存在なのです。病気になればのたうち回り、必死で健康を取り戻そうとします。兄も病気になってよかったと言います。病気になってこそ「思い通りには生きられない」ことを知り、また毎日の時間がどれだけ尊いことなのかが身に染みると言います。

「このまま」を大切に生きていきましょう。

問

最期はおまかせしましょう

孤独死が怖い

死に方に見栄を張らない

有名作家のAさんが、空港のトイレで倒れました。朦朧《もうろう》とする意識の中で頭に浮かんだことは、翌日の新聞の見出しだとおっしゃいました。

「作家のA氏、トイレで死亡」。

Aさんは、「トイレで死ぬなんてみっともない。もっと格好よく死にたい」と、気力を振り絞り、外まで這い出て、通行人に助けられたそうです。そのエピソードを聞くと、死に方にさえも見栄を張るのが人間だなと思えたものです。

しかし、親鸞聖人は、

〜臨終の善悪をば申さず〜

とおっしゃいました。これは、親鸞聖人が88歳のとき、現在の関東地方で疫病や飢饉で苦しみながら路上で死にゆく人たちを思い書いた手紙の一節です。

「死に方に、良いも悪いもない！　どのように死を迎えようとも、そんなことで、人生の価値を決められるものではないのだ！」

という意味です。そうは言っても、私も人の子です。ふと「自分が死ぬときはどこなんだろう？」と考えることがあります。しかしそれは、誰にもわからないことです。あとはおまかせするしかありません。死んだところが「ご縁」なのです。自分で決められないからこそ、楽しみでもあります。

私は寝る前に必ず、「おかげさまで今日も、生きることができました」と言っています。その言葉の中には、「心臓さん、手さん、頭さん、足さん、私の命のすべてが、私を今日まで生かしてくださいました。そして、今日あったうれしいこと、腹が立ったこと、すべての出来事から、いろんなことを考えさせていただき、深い人生にしてくださいました。ありがとうございました」という気持ちを込めています。

命あるものは、いつか死を迎えることになります。理屈ではわかっていても、考えると怖くて目を背けていることでしょう。

しかし、「私たちの命は、虚しく終わっていくだけの命ではない」のです。奇跡的に生を受け、そしていつか仏となる、尊いご縁をいただいた命なのですよ。このことを味わい、残された時間を大切に生きていきませんか。

老後への期待値を下げる

お釈迦さまは、「人生は苦である」とはっきりおっしゃいました。私たちの人生から苦しみがなくなることはないのです。

では、人間の幸せとは何でしょうか？　長生きすることが、幸せなのでしょうか？　病気になっても幸せだと考える人もいれば、健康であっても常に不満を抱えて生きている人もいます。

私の主治医から聞いたのですが、「外見はしわしわ、目は見えず、入れ歯も合わなくなり、食事の味もわからない。早く死にたい」と言う高齢の方は多いそうです。健康で若々しくなければ幸せじゃないという考え方に、強くとらわれすぎているのかもしれません。

老後の満足を得るには、老後への期待値を下げることが必要なのです。

医師で作家の久坂部羊《くさかべよう》さんのインタビューでの言葉が印象的でした。

「長生きをしたいと言っている人は、今の元気な状態のまま長生きしたいと言います。しかし、老いるというのは失うこと。認知症になってしまえば、今しか分からないので長生きできるかと悩むこともない。もちろん、なりかけはつらいですが、夕方になれば日が沈むように生まれる前の状態に戻るだけの話。何も恐れる必要はありません。日本が豊かで安全であるために、周りの人に迷惑をかけてしまうという余計な心配をする余裕があるのです」（『東京新聞』）と。

迷惑をかけない死などない

先日、ある高齢の女性脚本家の記事を拝見しました。連れ合いさんを何年も前に亡くされ、悠々と一人暮らしをされています。

ある時、友人から「あなたは、子どもがいないからかわいそうだ」と言われたそうです。まるで子どもを持つ人は幸せで、子どものいない人は孤独で寂しい存在だと言われているかのように。

脚本家はこの言葉を受けて、「逆に、我が子のために節約を重ね、少しでも財産を残そうとして、いったいその友人は何のために生きているのか？」という疑問を持っていると潔くおっしゃっています。

さらに「子どもがいなくてかわいそう」と言った友人の大変な末路も見てこられたそうです。友人は子ども、孫の世話をすることが生きがいで、長男一家と一緒に暮らすつもりで大きな家を建てたそうです。ところが、お嫁さんに「一緒に住むのはごめんだ」と言われ、友人は一人暮らしになりました。

「息子も娘も会いに来てくれない。孫だって、あんなに面倒見てやったのに、ちっとも寄り付かない」と愚痴をこぼします。家族に尽くす人生を送ってきた彼女には、別の生きがいが見つけられなくなったそうです。

脚本家は、「子どもや孫がかわいくてやってあげたのだからいいじゃない。後の人生は自分の好きなことをしなさいよ」と慰めたそうです。子どもがいてもいなくても、みな同じなのです。

その脚本家は、その子どもに期待しすぎる友人に向かって、「人に期待しないで！」とおっしゃったそうです。自分の最期は自分でみることを勧めておられます。自立した素晴らしい女性です。

しかし、「少しだけ誤解があるよ！」と、阿弥陀さまはおっしゃるでしょう。「自分のことは自分でみることができないのが人間なのだ」と。

人に迷惑をかけない死などないのです。

家族がいてもいなくても、必ず誰かのお世話になるのです。

先日、あるご門徒が、「自分のことぐらいは自分でします。最期も誰の世話にもならんようにと、お寺さんに包むお布施、葬儀代もすべて用意しています」とおっしゃいました。私は「最期まで世話にならないのですね。では、棺桶のフタは自分で閉じてくださいね」と言いました（苦笑）。

みなさん、生まれたときのことは覚えていませんよね。決して自分の力で生まれて、育ってきたわけではありません。きっと多くの方々に、「大丈夫かな？　すくすく育つかな？」と見守られてきたことでしょう。ヨチヨチ歩きの時は、「壁にぶつからないだろうか？」とひやひやされてきたのでしょう。

それと同じように、阿弥陀さまから見たら私たちは子どもです。一人でも生きていけると言いながら、危なっかしく歩いている私たちを心配しておられるのです。つまり、孫悟空がお釈迦さまの手のひらから逃れられなかったという話と同じです。慈悲のふところで見ておられるのです。

忘れてはならない3つの言葉

人の世話にならず、自分でなんでもできる人が立派で自立した人のように見えますが、そうではありません。私たち人間が忘れてはならない３つの言葉があります。

1、ありがとう

これは、感謝の心です。知らないうちにすべて自分でつくり上げてきたように錯覚してしまうと、「誰の世話にもならん」という言葉しか出ません。私たちは、周りのみなさんのお助けがあり、今日まで生きてきました。「ありがとう」という言葉が言えますか?

2、おかげさま

人はいつも明るい、日に照らされたものを見ますが、陰で支えてくれている人のことを考えたことはあるでしょうか? 楽しいこと、できたことだけを考えるのではなく、そのことのために陰となり支えてくれた人のことを考えましょう。

３、おたがいさま

年齢を重ねるということは、多くの人と出会っています。その中には、自分にとって良い人も悪い人もいたはずです。悪い人の中には、「絶対に許せない」という人もいるでしょう。仕事関係者、友人、親、子ども、元伴侶。思い出すだけでも腹の立つこともあるでしょう。しかし、１００パーセント相手が悪いのでしょうか？　あなたも人を怒らせ、人に許されたこともあるでしょう。そのことによって、あなたの人生が深くなったことは事実です。

人を許すことは簡単ではありません。しかし、私たちには時間がありません。人を憎んでいては、人生がもったいないのです。

「おたがいさま」という感謝と寛容の心を持って人と接することができたら、どんなに素晴らしいことでしょう。

生まれるときも、死ぬときも、人に迷惑をかけない人なんて、どこにもいません。「おたがいさま」でいいのです。

あとはおまかせ

親鸞聖人は「たのむ」という言葉を大切にされました。一般的に「たのむ」とは「頼む」を想像するでしょう。まるで依存的に思われます。

「弥陀《みだ》をたのむ」とは、阿弥陀如来の本願力をたのみにするという依憑《えひょう》で、阿弥陀さまによりかかり、ゆだねるという意味なのです。

依憑の「憑」という字は「馬」に「心」と書きます。人間が馬に乗るときは、馬におまかせです。同時に馬も「身をまかせてもらっている」ということがわかれば動き出すそうです。しかし馬はこの人に信じられていないとわかった瞬間、暴れ出すそうです。「たのむ」とは、身も心も「あとはおまかせします」とゆだねることなのです。

頼れる家族がいても、いなくても、身の回りの整理はしていきながら、あとは「おたがいさま」の心でおまかせしましょう。共にお浄土へ参ります。阿弥陀さまの手のひらに乗せていただけるのです。

どうかご安心ください。

あとがき　感謝の心に不安や孤独はありません

最後に。

今こそ「2つの勇気」を持ちませんか？

1つめは「捨てる勇気」です。

私たちの人生はコップに例えられます。コップの中が後悔や悲しみ、怒りの感情でいっぱいになっていると、これから出会う慶びが入ってきません。それらを捨てませんか。

2つめは「生ききる勇気」です。

今、こうして生きていることを慶び、老いを受け入れ、寿命を気にせず、生きて生きて生ききる、ということです。生ききると決めたとき、あなたのコップは、幸せという水で満たされます。

そして、心を支えてくれるのは、次の3つです。

あなたにはたった一人でもいい、「本音で語れる友」はいますか？

友は、同性とは限りません。異性も含めて友です。

人生後半は、一人の人間として相手と向き合う、友とつきあうことができる、最高の時期なのではないでしょうか。


「心のよりどころになれる本」と出遇っていますか？

ある有名人の方が、「もし自宅が火事になったら、一番に持って出るのは、ある一冊の本です」とおっしゃいました。お金でもない、高級時計でもない、本というのだから驚きです。そんな心のよりどころになる一冊の本があるというのは素晴らしいですね。


「勇気がわいてくる思い出」はありますか？

家族や友と楽しんだ思い出、過ごした時間を思い出しながら、残された人生を生きる。思い出はあなたの宝です。

親を亡くされた方も多いことでしょう。今やっと親孝行できるときに親はいない。自分より先に伴侶、お子さんを見送られた方もいるでしょう。

しかし今、目の前にいなくても、かけてくれた言葉、共に生きた記憶、勇気がわいてくる思い出があれば、人は生きていけるのです。

人生100年時代、私たちの寿命は延びると言われても、肉体は老化しますし、親しい人たちはこの世を去っていき、孤独の中をどう生きていくのか、誰もが不安になります。

そこで、あなたは人生をどう生きればいいのか？

それは「ありがとう」と有縁の人にお礼を言うことです。

それが私たちに残された人生の大仕事です。

「ありがとう＝有り難う」とは仏教の言葉で、「今、有ることが難しい」という意味です。今まで生きてこられたのは奇跡なんですよ。

しかし、元気な時にはなかなか気がつけません。

若いときは勢いがあり何でもできた。歩みが遅い老人の横を、平気で追い越していった。しかし誰もが予定どおり年を重ね、身体は重くなっていくのです。

「老」という字は、背中が丸くなった人の姿を表しています。身が丸くなることで、仏さまは自然と頭を下げることを教えてくれるのですね。

だから人生後半は、

「おかげさまで今日まで生きることができました。ありがとうございます。そして、お世話になりますが、よろしくお願いします」

と、お礼を言う時間をいただきませんか。合掌する時間をいただきませんか。

感謝の心に、不安や孤独はありません。

人とのつながりがあってこその自分だということが、見えてくるのです。

私も「今日が人生最後の日」だと思い、日々生きています。

若いときは「明日から頑張ろう」と思っていました。それは、人生を先延ばしにしているのです。どんな人にも、明日があるという保証はないのです。

後悔する時間があれば、過去を実績に変えていきましょう。

誰かを恨む時間があれば、それを自分の人生の教訓に変えていきましょう。

苦労を背負ってきたのであれば、それを心の器に変えていきましょう。

これからあなたがどう生きるかで、過去の意味が大きく変わってくるのです。さまざまな経験ができたから、今の私があるのです。

「これが私でした！　ありがとう」と言えるのです。

娑婆のご縁が尽きるその時まで、しっかりと人生を味わいましょう。

南無阿弥陀仏

真宗大谷派僧侶　川村妙慶

川村妙慶

1964年、福岡県生まれ。真宗大谷派僧侶、京都市在住。アナウンサー、NHK・中日・読売文化センター講師。21歳で真宗大谷派の僧侶になる。また、関西を中心にアナウンサーとしても活躍。現在、全国各地で精力的に講演を行い、仏教思想や親鸞聖人の教えを広めるかたわら、生活の中の身近なテーマで法話を行う。2000年から始めたブログ「川村妙慶の日替わり法話」は1日約2万アクセス。また1日100通ものお悩みメールが届き、一つひとつに真摯に向き合っている。著書に『人生が変わる 親鸞のことば』(講談社)ほか多数。KBS京都「川村妙慶の心が笑顔になるラジオ」出演中。

講談社+α《プラスアルファ》新書 802-1 A

人《じん》生《せい》後《こう》半《はん》こう生《い》きなはれ

川《かわ》村《むら》妙《みょう》慶《けい》

2019年6月20日第1刷発行
2024年2月15日第3刷発行

発行者――― 森田浩章
発行所――― 株式会社 講談社
東京都文京区音羽2-12-21 〒112-8001
電話 編集(03)5395-3522
販売(03)5395-4415
業務(03)5395-3615

デザイン――― 鈴木成一デザイン室
カバー印刷――― 共同印刷株式会社
印刷・本文データ制作― 株式会社新藤慶昌堂
製本――― 株式会社国宝社
編集――― 依田則子

定価はカバーに表示してあります。

落丁本・乱丁本は購入書店名を明記のうえ、小社業務あてにお送りください。

送料は小社負担にてお取り替えします。

なお、この本の内容についてのお問い合わせは第一事業本部企画部「+α新書」あてにお願いいたします。

Printed in Japan
ISBN978-4-06-516714-4